Tarja Prüss

111 Orte in Helsinki, die man gesehen haben muss

Mit Fotografien von Juha Metso

111

emons:

Rakkaimmalle sisarelleni Jaanalle & rakkaimmalle veljelleni Jyrkkille
Für die weltbesten Geschwister Jaana und Jürgen

»Helsinki ist nicht so schlecht. Es ist eine nette Stadt, und richtig kalt ist es nur im Winter.« – Linus Torvalds (Begründer Linux)

Bibliografische Information der Deutschen Nationalbibliothek
Die Deutsche Nationalbibliothek verzeichnet diese Publikation in der Deutschen Nationalbibliografie; detaillierte bibliografische Daten sind im Internet über http://dnb.d-nb.de abrufbar.

MIX
Papier aus verantwortungsvollen Quellen
FSC® C083411

Layout: Eva Kraskes, nach einem Konzept
von Lübbeke | Naumann | Thoben
Kartografie: altancicek.design, www.altancicek.de
Kartenbasisinformationen aus Openstreetmap,
© OpenStreetMap-Mitwirkende, ODbL
Druck und Bindung: CPI – Clausen & Bosse, Leck
Printed in Germany 2018
ISBN 978-3-7408-0342-1
Originalausgabe

Nicht aus mangelndem Respekt, sondern nur aus praktischen Erwägungen wird in diesem Buch vorwiegend die männliche Schreibweise verwendet.

Vorwort

Schöne Tochter der Ostsee, weiße Stadt am Meer, das nördlichste Venedig – Helsinki hat viele Titel bekommen im Laufe der Zeit. Und ich bin sicher nicht die Einzige, die sich sofort in diese wunderbare Stadt verliebt hat. Für mich ist Helsinki wie nach Hause kommen, wie sich an einem kalten Wintertag in eine Decke kuscheln, wie die erste Erdbeere im Sommer. Freundlich, gelassen und immer für eine Überraschung gut. Nicht ohne Grund gehört Helsinki zu den lebenswertesten und sichersten Städten der Welt. Und dem Weltglücksreport 2018 zufolge leben hier auch die glücklichsten Menschen.

Es sind die Magie des Meeres und die Kunst der Einfachheit, die Helsinki umgeben. Das einzigartige Insel-Labyrinth vor ihren Toren, die großen Schiffe, die fast die Stadtmitte erreichen. Eine Stadt, die die Melancholie des Finnischen Tangos genauso verkörpert wie die Leichtigkeit der nachtlosen Nächte im hellen finnischen Sommer. Überhaupt scheint das besondere Licht eine der magischsten Anziehungskräfte der jungen Hauptstadt zu sein.

Ihr Geheimnis ist ein Mix aus ursprünglicher Natur und modernem Stadtleben, in dem die Wege kurz sind und auf freien Zugang für alle geachtet wird.

Helsinki fotografisch zu vermessen ist ein Ding der Unmöglichkeit. Zu viele Gesichter hat es. Aber wir lüften so manches Geheimnis: Lassen Sie sich entführen in die wechselvolle Geschichte der Stadt zwischen Ost und West, die ihre Faszination erst auf den zweiten Blick preisgibt. Eine Entdeckungsreise zu spannenden Orten, Streifzüge durch Landschaften und lebendige Szeneorte und zu den Lieblingsplätzen der Einheimischen.

Der Architekt Carl Ludvig Engel, der Helsinkis Gesicht wie kein anderer prägte, spricht mir aus dem Herzen mit einem Brief, den er bereits 1831 schrieb: »Du kannst dir nicht vorstellen, wie schön Helsinki wird, und wie schön es jetzt schon ist.«

111 Orte

1 Die 100 Dogs Bar

Wie Hunde, Hotdogs und Sumoringer zusammenpassen

Alzheimer lässt grüßen! Jedes Mal wenn man die Bar »100 Dogs« betritt, überkommt einen dieses komische Gehirnschwund-Erinnerungslücken-Gefühl. Oder war es nur ein Cocktail zu viel? Nein, es war mal eine Pop-up-Bar mit seltsamem Namen, die ständig ihr Aussehen wechselte. Eine Wandelbar. Mittlerweile wechselt die Deko nicht mehr so häufig, dafür hängen die abgelegten Schuhe der Barkeeper und alte Teekessel an durchhängenden Stromleitungen von der Decke.

»100 Dogs« ist der Name einer Cocktailbar, die zu den Geheimtipps der Stadt gehört. Die Barkeeper servieren Cocktails, mit Vorliebe im asiatischen Stil, und schwören auf frische Zutaten und Kräuter. Der Name wurde der Einfachheit halber vom Vorgänger übernommen. Der verkaufte Hotdogs. Ungefähr 100 am Tag.

Hotdogs gibt es auch, allerdings ist die Speisekarte kurz gehalten, denn es steht immer nur eine Sorte zur Auswahl. Eine Woche lang gibt es dann die Variante mit Sweetchili und Wasabi-Mayonnaise, in der anderen Woche die mit Thai-Sauce und Zitronengras. Die Tische bestehen aus massiven, rohen Steinplatten, und auch sonst ist die Einrichtung eigenwillig. Sähe der deutsche TÜV den offenen Sicherungskasten, würde er das Etablissement vermutlich in Windeseile schließen. Möglicherweise ist der Sicherungskasten aber auch nur eine eigenwillige Art der Dekoration. Die Decke ist komplett beklebt mit bareigenen Plakaten, aufgeschlagene Wände geben den Blick frei bis mindestens Tokio. Der überall im Erscheinungsbild dominierende Sumoringer soll den asiatischen Touch des Lokals unterstreichen.

Genauso durcheinandergewürfelt wie die Einrichtung des »100 Dogs« ist auch das Publikum. Hier treffen sich die vollbärtigen Hipster genauso wie die Kreativen und ausgeflippten Youngsters der Hauptstadt. Hunde sind interessanterweise trotz oder gerade wegen des Namens willkommen. Immer steht ein Napf mit frischem Wasser bereit.

Adresse Malminrinne 1, 00100 Helsinki-Kamppi, Tel. +358/503207570, www.100dogs.fi | ÖPNV S-Bahn 7 oder 9, Haltestelle Kampintori | Öffnungszeiten Mi–So 16–24 Uhr | Tipp Gleich nebenan befindet sich das Restaurant Kort Madame, für alle, die vom Hotdog noch nicht satt sind.

2 Das Addis Abeba

Afrikanische Kochkunst und Lebensart hautnah

Das Addis Abeba Helsinkis befindet sich im Stadtteil Sornäinen, ganz in der Nähe von Puu Vallila, dem Viertel mit den vielen typischen alten Holzhäusern. Dabei handelt es sich um ein im Frühjahr 2017 eröffnetes Restaurant, das authentische äthiopische Küche anbietet. Seit 1985 hat sich der Ausländeranteil in Helsinki zwar versiebenfacht, ist aber im Vergleich zu anderen europäischen Metropolen mit sieben Prozent immer noch vergleichsweise gering. Die meisten Neu-Helsinkier kommen aus Russland, Schweden, Estland und Somalia.

Das »Addis Abeba« ist das zweite derartige Lokal in Helsinki und das erste in diesem Stadtviertel. Traditionellerweise wird äthiopisches Essen geteilt. Man isst mit den Fingern und vom selben Teller. Das beginnt bei dem typischen Brot Injera. Das fladenartige Brot aus Teffmehl wird extra aus Äthiopien importiert. Das Besondere: Es gehört zu den eiweißreichsten Getreidearten und ist zudem glutenfrei. Auf diesem flachen, pfannkuchenartigen Brotteig werden gedünstetes Gemüse, geschmortes Fleisch und Salat angerichtet. All das nimmt man dann mit Hilfe des Brotes statt mit Besteck auf.

Verfeinert werden die Speisen mit äthiopischen Gewürzen, die teilweise sehr scharf sind, wie etwa Berbere, das aus acht verschiedenen Ingredienzien besteht. Und wenn sich dann alle Zutaten und Geschmäcker auf den Fingern und im Mund treffen, ist das schon eine besondere sinnliche Erfahrung.

Eine weitere Besonderheit ist der Kaffee: Äthiopien ist ja das »Erfinderland« des Kaffees. Für die spezielle Art der Zubereitung werden die grünen Bohnen zunächst mit der Hand gewaschen und dann bei schwacher Hitze auf einer mit Löchern durchsetzten Pfanne geröstet, anschließend gemahlen und dann mit Wasser vorsichtig überbrüht. Eine Kaffeezeremonie, die man sich nicht entgehen lassen sollte. Eigentlich ja auch ein Muss im Land mit dem höchsten Kaffeeverbrauch weltweit.

Adresse Sturegatan 28, 00510 Helsinki-Sörnäinen, Tel. +358/942577877, Facebook: Addis Ethiopian Kitchen | **ÖPNV** S-Bahn 7B, Haltestelle Hattulantie, von da aus 90 Meter zu Fuß | **Öffnungszeiten** Di–Fr 11–21 Uhr, Sa 12–21 Uhr, So 13–21 Uhr | **Tipp** Auf der gegenüberliegenden Straßenseite befindet sich das Jazzlokal Sture Jazz. Im Keller finden regelmäßig Livekonzerte statt.

3 Das Allas Meerbad

Ein neuer Hotspot urbaner Lebenslust

Die neue Perle am zentralen Platz von Helsinki, direkt am Hafen und neben dem Markt, ist der erst 2017 eröffnete Allas Sea Pool. Das Holzgebäude mit drei Saunen und einer großzügigen Terrasse mit Liegestühlen ist nicht zu übersehen und verbreitet maritimes Flair. Auf dem Dach trinken die Hipster der Stadt Bier, innen wird in Eins-a-Ostsee-Lage sauniert.

Wo früher die großen Passagierschiffe ankerten, stehen jetzt ganzjährig drei Außenpools zum Planschvergnügen bereit, wovon einer mit Meerwasser gefüllt ist. Der Ostsee-Pool wird jedoch nicht vom Hafenbecken gespeist, sondern aus drei Kilometer Entfernung, das Wasser wird auf dem Weg zum Schwimmbecken noch gefiltert. Der zum Teil schwimmende Komplex ist einem Schiff nachempfunden, entworfen vom Architekten Pekka Pakkanen und über Crowdfunding mit über einer Million Euro vorfinanziert.

Tatsächlich fühlt es sich ein wenig so an, als wäre man auf einem Schiff, hört man doch das Tuten der großen Passagierschiffe beim Einlaufen, während man selbst nur mit Handtuch bewaffnet über die Holzterrassen zum Pool schlendert. Wenn man im wohltemperierten Wasser schwimmt, hat man eine grandiose Aussicht auf das Riesenrad, die Ausflugsschiffe und den Markt. Neben der gemischten Sauna, in der üblicherweise alle mit Badesachen schwitzen, gibt es zwei nach Geschlechtern getrennte Saunen, bei denen die Badesachen getrost im Schrank bleiben können.

Selbstverständlich sind die als technikbegeistert bekannten Finnen auf dem neuesten Stand: Die Bedienung der Türen, Eintrittsschleusen und Umkleideschränke funktioniert ganz einfach mit einem Armband, das man beim Bezahlen des Eintritts erhält. Terrasse und Café sind frei zugänglich, der Eintritt für Sauna und Schwimmen kostet zwölf Euro für zehn Stunden. Dafür kann man kommen und gehen, wie man will. Ideal, um die Sightseeingtour für eine Wellness-Einheit zu unterbrechen.

Adresse Katajanokanlaituri 2a, 00160 Helsinki-Katajanokka, www.allasseapool.com | **ÖPNV** S-Bahn 4, Haltestelle Kauppiankatu | **Öffnungszeiten** Mo–Do 6.15–22 Uhr, Fr 6.15–23 Uhr, Sa 9–23 Uhr, So 9–22 Uhr | **Tipp** In Sichtweite befindet sich die Havis Amanda, die »Tochter der Ostsee«. Die Bronzestatue von Ville Vallgren stellt eine Meerjungfrau dar, die das Meer verlassen hat, um an Land zu leben. Sie gilt als Verkörperung Helsinkis.

4 Die alte Festung

Unterwegs auf den Spuren der Wikinger

Sie waren die ersten »Terroristen« und verbreiteten vor über 1.000 Jahren Angst und Schrecken in ganz Europa: die Wikinger. Sie tauchten mit ihren Schiffen aus dem Nichts auf, überfielen Dörfer, raubten, plünderten und brandschatzten.

Spuren ihrer Beutezüge kann man heute noch entdecken. Im Stadtteil Vuosaari gibt es Reste ihrer Festungsanlagen zu sehen. Auch die Russen haben hier Befestigungsanlagen gebaut. Es sollten Basislager für Kanonen und Munition sein, sie wurden jedoch nie benutzt.

Vermutlich gab es hier auch eine Festungsburg, sagen Historiker. Da sie ziemlich wahrscheinlich aus Holz war, ist von ihr jedoch nichts übrig geblieben. So bleibt auch das genaue Ausmaß der Festung im Schatten der Vergangenheit verborgen. Die alten Verteidigungsringe kann man jedoch noch entdecken. Mauerreste der Verteidigungswälle, die noch nicht vom Waldboden überwuchert wurden, schlängeln sich rings um einen Hügel, von dem aus man in grauer Vorzeit einen guten Ausblick auf die Bucht hatte. Wichtig, um frühzeitig vor einem feindlichen Angriff gewarnt zu sein. Heute verdecken hochgewachsene Bäume den ungetrübten Blick. Die Anhöhe ist dennoch ein schöner Aussichtspunkt und eignet sich hervorragend für eine Rast oder ein Picknick. Das ganze Gebiet ist ein herrlicher Mischwald, durchsetzt mit Felsen und zahlreichen Blaubeersträuchern am Boden. Was man an Früchten findet, darf auch gleich im Mund landen. Das Jedermannsrecht macht's möglich. Ausnahmslos jeder darf sich in der finnischen Natur bewegen, unabhängig davon, wem das Land gehört. Man darf Beeren und Pilze sammeln, solange man nichts zerstört, gebührenden Abstand zu Wohnhäusern hält und Rücksicht nimmt.

Der Fußweg zur Festung ist einfach zu finden: Am Strand Rastilan Uimaranta muss man rechts die Bucht umrunden, bis man zur Linnavuorentie gelangt. 150 Meter weiter biegt man rechts in einen Trampelpfad ein.

Adresse in der Nähe der Linnavuorentie, 00950 Helsinki-Vuosaari | **ÖPNV** Bus 841, Haltestelle Linnanherrantie | **Öffnungszeiten** ganzjährig geöffnet | **Tipp** Ganz in der Nähe befindet sich ein unterirdischer Bunker, verschönert durch zahlreiche Graffiti.

5 Der älteste Baum

Der grüne Riese wächst und wächst und wächst

»Bäume sind wie Gedichte, die die Erde in den Himmel schreibt.« Ein Zitat vom libanesisch-amerikanischen Dichter Khalil Gibran. Mit Finnland muss es die Erde besonders gut gemeint haben, sind doch mehr als zwei Drittel des Landes mit Bäumen bewachsen.

Dieser hier hat ein eigenes Schild bekommen. Die Auszeichnung als dickster Baum Helsinkis. Der Umfang seines Stammes misst stolze 6,20 Meter. Damit liegt er auf Platz zwei im Ranking der dicksten Bäume Finnlands. Und er oder sie denkt gar nicht daran, mit dem Wachsen aufzuhören. Gut 24 Meter ist die Stieleiche schon Richtung Himmel gewachsen. Eine Eiche, die die Besitzer des nahe gelegenen Herrenhauses vor Hunderten von Jahren gepflanzt haben könnten. Ihr genaues Alter ist nämlich nicht bekannt. Laubbäume neigen dazu, Löcher auszubilden, die eine genaue Schätzung verhindern. Aber alt wird sie sein. Das muss vorerst genügen. Solange sie lebt.

»Der Baum wächst 100 Jahre, blüht 100 Jahre und stirbt dann 100 Jahre«, sagen die Förster hier. Dieser steht in Tali, beim Golfplatz in Pitäjänmäki im Westen Helsinkis, der übrigens der älteste Golfclub Finnlands ist, 1932 gegründet.

Die Blätter schaukeln sanft im sich kräuselnden Wind. Die Wurzeln tief im Erdreich verankert, trotzt sie seit ungezählten Generationen Wind und Wetter. Da steht sie nun, die majestätisch wirkende Eiche, und schweigt. Verrät uns nicht, was sie in den letzten paar hundert Jahren alles gesehen und erlebt hat. Kriege, Unwetter, Golfbälle. Und vermutlich weit mehr. Wie viele eisige Winter sie wohl schon überstanden hat? Sie schweigt beharrlich unter ihrer knorrigen Rinde und streckt weiter ihre Äste und Zweige in alle Himmelsrichtungen aus. Die Faszination eines solchen Anblicks hat schon der Schweizer Regisseur Claude Goretta erkannt: »Ein alter Baum wird immer seltener, und man wird alte Bäume bald besichtigen gehen wie heute irgendeine alte Kapelle.«

Adresse Talin puistotie 12, 00350 Helsinki-Pitäjänmäki | **ÖPNV** Bus 14, Haltestelle Takomotie | **Öffnungszeiten** Mo–So 8–20 Uhr | **Tipp** Das sehenswerte Herrenhaus im Park ist aus dem 17. Jahrhundert. Das im Empirestil errichtete Hauptgebäude stammt aus den 1820er Jahren und das Herrenhaus aus dem 19. Jahrhundert.

6 Das Anglerzentrum

Auf der Jagd nach dem perfekten Angel-Abenteuer

Der Archipel im Finnischen Golf ist eine Erfahrung für sich. Hunderte der Küste vorgelagerte Inseln, manche bewohnt, viele unbewohnt und ausgewiesene Naturschutzgebiete. Die Inseln sind nur mit Hilfe der Wassertaxis zu erreichen. Skippern stehen in Helsinki 12.000 Bootsliegeplätze zur Verfügung.

Für Meeresangler bietet der Küstenbereich hervorragende Möglichkeiten. Reiche, leicht zugängliche Fischgründe mit 60 verschiedenen Arten liegen unter der Wasseroberfläche. Sie eignen sich für die Jagd auf Meeresforellen, Dorsche und Hechte. Die am häufigsten vorkommenden Fischarten sind: Baltischer Hering, Sprotte, Aal, Hecht, Lachs, Forelle, Weißfisch, Krabbe, Schleie, Brasse. Angelausflüge für Touristen werden von professionellen Bootsführern begleitet, die zu jeder Jahreszeit wissen, wo sich welche Fische und Fischschwärme gerade aufhalten. Sie verraten einem auch die besten Angeltricks. Je nach Jahreszeit kann man Varianten wie Fliegenfischen oder das Angeln mit Jerkbaits ausprobieren. Besonders begehrt sind Hechte, die im Schärenmeer über zehn Kilo schwer werden können. Ausrüstung und Bekleidung werden übrigens gestellt.

Und dann kann es auch schon losgehen mit der Jagd auf Barsche, Hechte und Zander.

Im Winter zeigen die Profis auch gern das Eisfischen. Dabei wird ein Loch in die Eisdecke gebohrt und mit einer speziellen Angel und viel Geduld gefischt. Ein ganz besonderes Erlebnis an der Küste ist das Eisangeln im Winter auf Barsche, Hechte oder Quappen, wobei gerade Letztere außergewöhnlich sind, weil sie nur in den dunklen Nächten im Januar und im Februar an den Haken gehen. Aufwärmen kann man sich später am offenen Feuer oder in der Sauna.

John, selbst begeisterter Angler, sagt mit einer guten Portion Respekt in der Stimme: »Angeln ist übrigens nicht nur was für Männer. Häufig sind es die Frauen, die am Ende des Tages den größten Fisch an Land ziehen.«

Adresse Mustikkamaantie 2, 00570 Helsinki-Mustikkamaa, Tel. +358/500457623, www.boatmangroup.fi | ÖPNV Bus 16, Haltestelle Mustikkamaa | Tipp Oberhalb des Bootsstegs befindet sich das Restaurant Vendla, ein liebevoll renoviertes, ehemaliges Wohnhaus der früheren Bootsbauer mit großer Aussichtsterrasse.

7 Das Arvo-Kustaa-Parkkila-Denkmal

Auferstanden aus der Gosse

Der Mensch steigt aus dem Müll. Was für eine überlebensgroße Statue! Arvo Kustaa Parkkila ist dargestellt – rund 20 Zentimeter größer, als er wirklich war. Doch wer kennt schon Arvo Kustaa Parkkila? Handelt es sich vielleicht um einen Schauspieler, der dem Alkohol verfiel und durch die Straßen Helsinkis irrte, Anschluss suchte, indem er jedem die Hand reichte? Nein. So einfach ist es dann doch nicht.

Arvo Kustaa Parkkila (1905–1978) war selbst Alkoholiker, traumatisiert von Erlebnissen im Zweiten Weltkrieg, abgestürzt, obdachlos und schließlich ganz unten gelandet. Er schaffte es vermutlich dank *sisu* – dieser spezifischen Eigenart der Finnen, einer Mischung aus Zähigkeit, Ausdauer und Hartnäckigkeit –, sich selbst wieder aufzurichten und der Gosse zu entkommen. Als Dank dafür widmete er daraufhin sein Leben ganz der Unterstützung von alkoholkranken und drogenabhängigen Menschen. Zusammen mit ein paar Freunden des Kamppi-Helsinki-Kreises gründete er Anfang der 1960er Jahre die Suoja-Pirtti, die Schutzhütte. Selbst den Absprung geschafft, organisierte er Notunterkünfte und Pflegeheime für obdachlose Männer.

Wo heute die Skulptur steht, entstand 1961 das erste Tageszentrum für obdachlose Männer. Arvos Rezept: »Erst waschen, dann ein satter Bauch, und dadurch hebt sich der Kopf bereits wie von selbst. Das Selbstbewusstsein wächst. Am dritten Tag dann eine Schaufel in die Hand, um durch die Arbeit der Gesellschaft etwas zurückzugeben.« Seine Methode wurde dann aber doch mit den Jahren weiter verfeinert.

Die Bronzeskulptur stammt vom lettischen Künstler Oskars Mikans, der sie der Stadt Helsinki geschenkt hat. 2001 wurde sie im Beisein des damaligen Premierministers Paavo Lipponen feierlich eingeweiht. Schütteln Sie Arvo einfach die Hand. Sie fühlt sich gut an.

Adresse Lapinlahden puistikko (Lapinlahden Park) an der Eerikinkatu, 00100 Helsinki-Kamppi | **ÖPNV** S-Bahn 9, Haltestelle Kampintori | **Öffnungszeiten** ganzjährig, rund um die Uhr | **Tipp** Die lutherische Kirche befindet sich gegenüber dem Park in der Fredrikinkatu 42.

8 Die Ateljee Bar

Eine der romantischsten Aussichten Helsinkis

Frisch verliebt? Romantische Gefühle? Händchen halten und die ganze Welt durch die rosarote Brille sehen? Dann nichts wie ab in die »Ateljee Bar« (Atelier Bar). Sie liegt im 14. Stock des Hotels Torni, eines der ältesten und traditionsreichsten Hotels der ganzen Stadt. Torni bedeutet Turm, und tatsächlich war es bis in die 1970er Jahre hinein das höchste Gebäude in ganz Finnland.

Um die Bar zu besuchen und den sensationellen Ausblick auf die Stadt zu genießen, muss man nicht mal Hotelgast sein. Einfach mit dem Lift bis in den zwölften Stock fahren. Von da führt eine Wendeltreppe hoch in die Bar, die eine merkwürdige Mischung aus Künstlertreff, Hipster-Atmosphäre und dröger Hotelbar ist. Aus einer Höhe von 70 Metern kann man dann über die Dächer der Stadt blicken. Zwei Außenterrassen gibt es, die selbst im Winter bei zweistelligen Minusgraden nie ganz ausgestorben sind. Halbhohe Glaswände halten den Wind in dieser luftigen Höhe ab und lassen gleichzeitig den Blick frei für die Panoramaaussicht über die Dächer der Stadt. Wem es draußen dann doch irgendwann zu frisch ist, der kann drinnen an kleinen Tischen seinen Drink genießen und die laufend wechselnden Ausstellungen junger finnischer Künstler bewundern. Hier trifft man sowohl Einheimische als auch viele Touristen, denn der Ausblick hat sich über alle Sprachgrenzen hinweg herumgesprochen.

Nicht weniger spektakulär ist die Aussicht von den Toiletten der Bar. Ein großes Fenster erlaubt hier, dem Ruf der Natur zu folgen, ohne dabei die schöne Aussicht vermissen zu müssen. Und weil Gleichberechtigung in Finnland einen hohen Stellenwert hat, gibt es den Panoramablick sowohl auf dem Herren- als auch auf dem Damen-WC.

Selbst wer gerade nicht bis über beide Ohren verliebt ist, sollte den Turm am Abend erklimmen und die Sonnenuntergangsstimmung genießen. Vielleicht ist er beim Absteigen bereits verliebt. In die Stadt.

Adresse Yrjönkatu 26, 00100 Helsinki-Kamppi, Tel. +358/107842080 | **ÖPNV** S-Bahn 3, 6T, Haltestelle Erottaja | **Öffnungszeiten** Mo–Do 14–1 Uhr, Fr 14–2 Uhr, Sa 12–2 Uhr, So 14–0 Uhr | **Tipp** In derselben Straße befindet sich auch das altehrwürdige Hallenbad Yrjönkadun uimahalli, in dem Frauen und Männer getrennt voneinander nackt schwimmen können.

9 Das Badewannenboot

In der Badewanne bin ich Kapitän

Das White Sand Boat befindet sich im Hafenbereich von Hietalahti – zwischen dem Radisson Blue Hotel und dem Clarion Hotel. Auf diesem Schiff kann man feiern, Tagungen oder Events abhalten. Der Clou ist jedoch das Badewannenboot, »Paljuvene« auf Finnisch. Es ist vermutlich eines der kleinsten Boote, die rund um Helsinkis Küste schippern. Quietschrot mit Kapitän, Ruder und Schornstein sieht es ein wenig aus wie ein zu groß geratenes aufblasbares Spielzeugboot für die Badewanne.

Tatsächlich ist es so etwas wie eine schwimmende Badewanne. Man klettert dabei nicht nur in ein Boot für sechs bis acht Personen, sondern steigt gleichzeitig in 38 Grad warmes Wasser. Dieses wird über einen Holzofen beheizt, der sich ebenfalls auf dem kleinen Bötchen befindet. So schippert man dann in aller Seelenruhe an der Küste Helsinkis entlang. Der Vorteil: Selbst im Winter muss man nicht fürchten zu frieren.

Man sitzt im Wasser im Wasser. Das ist schon eine seltsame Erfahrung, die der Kopf erst einmal verarbeiten muss. Die Hand taucht ins kühle Meer, das weniger als zehn Grad hat, und der restliche Körper wird warm umspült. Da sitzt man mit Freunden in einer überdimensionierten Badewanne, schlürft Bier oder Prosecco und hofft, dass sich die Haut nach zwei Stunden Warmbad vom verschrumpelten Zustand wieder erholt.

Der Kapitän, standesgemäß mit Kapitänsmütze und Badehose, wird nicht müde, die Stimmung mit lustigen Sprüchen und Anekdoten anzuheizen. Zwischendurch legt er immer wieder Holz nach, damit das Wasser nicht auskühlt, und steuert sein Boot durch die Schären an Helsinkis Ufer vorbei. Die großen Frachtschiffe wirken von diesem kleinen Gefährt aus noch riesiger und gewaltiger.

»Wir wollten was Besonderes anbieten«, sagt Mika, Ideengeber und Besitzer des Paljuvene. »Jeder darf sogar seine eigenen Getränke mitbringen.« Eine zweistündige Tour kostet am Wochenende 250 Euro.

Adresse Hietalahdenranta, 00180 Helsinki-Hietalahti, Tel. +358/449748474, www.paljuvene.fi | **ÖPNV** S-Bahn 6, Haltestelle Hietalahdentori | **Öffnungszeiten** nach Vereinbarung | **Tipp** Am Hafen von Hietalahti kann man wunderbar spazieren gehen und die ankernden Schiffe bewundern. Im Hafenbereich finden sich 50 Stahlkugeln unterschiedlicher Größe, ein Kunstwerk von Pasi Karjula und Marko Vuokola, das sich auch für nette Selfie-Spielereien eignet.

10 Die Bar A 21 Decades

Von Autobahnen zum Sex im Wald

Während manche bei A 21 vielleicht zunächst an eine Autobahn im Norden Deutschlands denken, denkt der Einwohner von Helsinki an Alkohol. A 21 bedeutet allerdings nicht »Alkohol erst ab 21 Jahren«. A 21 steht für 21 Dekaden – Jahrzehnte voller Cocktail-Erinnerungen.

Eine Cocktailbar im Herzen von Helsinki, in den Räumlichkeiten eines früheren Sexshops, ausgezeichnet als die beste Bar Finnlands und der Welt. Timo Siitonen von A 21 nimmt es mit Humor. »Wir denken, dass Trinktraditionen und Cocktails zu lange zu ernst genommen wurden, also haben wir beschlossen, den Spaß wieder ins Spiel zu bringen.« Die Drinks sollen die Erinnerungen und Geschmäcker der vergangenen Jahrzehnte ins Bewusstsein beziehungsweise wieder auf die Zunge zurückbringen. Bis ins Jahr 1890 kann man zurückreisen. Die Cocktails gibt es als Originalversion oder auch mit dem hauseigenen Spin. Ihr Wissen geben die Betreiber in ihrer Cocktail-Schule weiter, die regelmäßig Kurse anbietet. Im Gin-Labor experimentieren sie fröhlich mit neuen Zutaten.

»Wir wollen auch unser eigenes Erbe mit nordischen Cocktails ehren, die von der reinen finnischen Natur und unserer lokalen Kultur inspiriert sind«, sagt Siitonen. »Wenn der Sommer in den Herbst übergeht, ist es Zeit, sich von Sex am Strand zu Sex im Wald zu bewegen«, meint Barmixer Daniel O'Sher lachend, der die Cocktailbecher hinter der Theke profimäßig schüttelt und damit auf die Namen der Cocktails anspielt. Denn einer der nordischen Cocktails nennt sich »Sex in the forest«. Alkoholfrei, mit Blaubeeren und Thymianzweigen.

Die Bar ist idealer Ausgangspunkt zum Vorglühen, bevor man sich zur Partymeile der Stadt aufmacht. Erst kürzlich wurde Helsinki von Backpackern zur besten Partymetropole der Welt neben Hamburg und Berlin gekürt. Gerühmt wurden die »offenen, freundlichen Menschen«, die »guten öffentlichen Verkehrsanbindungen« und die »Sicherheit«.

Adresse Annankatu 21, 00100 Helsinki-Kamppi, Tel. +358/400211921, www.decades.fi | ÖPNV S-Bahn 9, Haltestelle Simonkatu | Öffnungszeiten Di, Mi 17 – 0 Uhr, Do 17 – 1 Uhr, Fr, Sa 17 – 2 Uhr | Tipp Hier, mitten im Design-Viertel Helsinkis mit zahlreichen Boutiquen, Galerien und Shops, befindet sich die Galerie Forsblom mit wechselnden Ausstellungen zeitgenössischer Kunst (Yrjönkatu 22).

11 Der Bärenpark

Der, dessen Name nicht genannt werden darf

»Wir haben rund 200 verschiedene Wörter für Bär. Wir bewundern ihn, aber wir haben auch großen Respekt vor ihm«, sagt Karri Korppi, Leiter der Happy-Helsinki-Stadttouren. In meinen Ohren klingt das wie: der, dessen Name nicht genannt werden darf. Harry Potter lässt grüßen.

Der Bär war in grauer Vorzeit der Hauptgott der damals heidnischen Finnen. Ein Aberglaube besagt, dass man mit dem Aussprechen des Wortes »Bär« auch gleich eine Honigspur zur eigenen Haustür legen könnte. Deswegen gab es Umschreibungen wie »metsän kuningas« (König des Waldes), Honigpfote oder alter Mann im Pelz. Bis heute ist der Bär eines der nationalen Tiersymbole Finnlands. Heute gibt man sich allerdings nicht mehr so ängstlich. Der Park heißt fast schon lapidar Karhupuisto, also Bärenpark. In der dreieckigen Anlage finden sich auch ein Sommercafé und ein großer Sandplatz, wo etwa Boccia gespielt wird. Auch findet hier im Sommer ein großer Flohmarkt statt.

Die Granitskulptur des Bären ist von Bildhauer Jussi Mäntynen (1886–1978). Er arbeitete als Konservator im Naturkundemuseum, bevor er anfing, lebensechte Tierskulpturen anzufertigen. Seine berühmtesten Werke sind lebensgroße Elche. Einer davon steht heute direkt vor dem Naturkundemuseum.

Tatsächlich verirren sich Elche manchmal nach Helsinki. Auf Vuosaari wurden schon mehrfach Elche gesichtet, berichtet Helsinki-Spezialist Karri Korppi, sogar einer, der mutig die Bucht Puotila durchschwamm. Anglerlatein? Försterschnack? Keineswegs. Die Wälder sind prinzipiell miteinander verbunden, und die Tiere kommen und gehen, wie es ihnen gefällt. Gerade im Frühling verirren sich junge Elche des Öfteren in die Hauptstadt. Doch zurück zu den Bären: Tatsächlich sind Bären sehr scheu und weichen Wanderern möglichst aus. Wer doch mal auf einen Braunbären trifft, entfernt sich am besten langsam rückwärts. Wegrennen hilft nicht – der Bär ist schneller.

Adresse Viides linja, 00530 Helsinki-Kallio | **ÖPNV** S-Bahn 3, Haltestelle Karhupuisto | **Öffnungszeiten** ganzjährig, rund um die Uhr | **Tipp** Die aus grauem Granitstein bestehende lutherische Kirche Kallion Kirkko ist nur wenige Meter entfernt. An ihr lässt sich der nationalromantische Stil mit seinen Art-nouveau-Einflüssen gut erkennen, außerdem wird ihr eine hervorragende Akustik nachgesagt.

12 Das Blaubeer-Land

Zwischen Blaubeeren und Baltischer See

Mal weg aus der Stadt? Weichen Sand unter den Füßen spüren, sich in der Sonne aalen und ab und zu ein kühles Bad im Meer nehmen? Kein Problem. Nur zehn Autominuten vom Stadtzentrum entfernt liegt das Erholungsgebiet Mustikkamaa mit öffentlichem Badestrand. Ein schöner Platz, um einen ganzen Tag zu verbummeln, schwimmen zu gehen oder eine Sandburg zu bauen. Der Sandstrand ist ideal für Familienausflüge, im Sommer überwacht und zudem mit Kabinen, Toiletten und Duschen ausgestattet. Für Erfrischung sorgt ein benachbarter Kiosk, in dem es Eis, Getränke, Kaffee und Kuchen gibt.

Im »Essbaren Park« (Syötävä puisto) darf man sich anschließend den Bauch vollschlagen. Eines von mehreren Urban-Gardening-Projekten in Helsinki. Ein Garten von allen für alle. Er befindet sich direkt neben der Brücke, die nach Korkeasaari führt. Alles, was die Natur anbietet, kann hier probiert, gepflückt und gegessen werden. Allem voran natürlich Mustikka, die Blaubeere, die der Insel ihren Namen gab.

Wer die Augen offen hält, kann im lichten Wald auch Kunst entdecken. Unter anderem ein leer stehendes blaues Bettgestell. In der Nähe befinden sich außerdem ein Spielplatz, ein Fußball- und ein Tennisplatz. Die gesamte Insel ist ein Naherholungsgebiet. Auf Trampelpfaden und Waldwegen kann man die Insel und ihre Bäume und Felsen wunderbar erforschen.

Und wer seine Muskeln stählen will, kann das im angrenzenden Open-Air-Fitnessstudio tun. Das erinnert mehr an ein altertümliches Wikinger-Freiluftstudio, alle Trainingsgeräte sind nämlich aus Holz. Was zunächst mal noch nichts über ihre Qualität aussagt. Zumindest werden sie genutzt. Vor allem von denen, die beim Training gern Zuschauer haben. Aber für die, die vielleicht demnächst an der Weltmeisterschaft im Holzstamm-Weitwurf oder bei der WM im Frauentragen in Finnland teilnehmen wollen, sind die Trainingsgeräte genau das Richtige.

Adresse Mustikkamaan ranta, 00570 Helsinki-Mustikkamaa, Tel. +358/503420926 | **ÖPNV** Bus 16, Haltestelle Mustikkamaanpolku | **Öffnungszeiten** ganzjährig; offizielle Badesaison: Juni–Aug. täglich 10–18 Uhr (Kabinen schließen um 17.30 Uhr) | **Tipp** Von Mustikkamaa gelangt man leicht zu Fuß zur nächsten Insel, Korkeasaari. Diese beheimatet einen Zoo.

13 Der Bunker für Oldies

Wo Präsident Ahtisaaris Panzerlimousine schlummert

Laut knackend dreht sich der Schlüssel, dann gibt die schwere Eisentür quietschend den Blick frei auf ein Tunnelgewölbe. Anssi Juutilainen drückt den Lichtschalter. Meter für Meter gehen die Leuchtstoffröhren flackernd an und geben das unterirdische Geheimnis zögernd preis. Es geht bergab, zwischendurch massive Türen. Wie Fort Knox. Ein Bunker, in den Granit gehauen.

Hier stehen in Reih und Glied Oldtimer der Marke Mercedes. Mersu sagen die Finnen, die Mercedes lustigerweise (bedenkt man die Besonderheiten ihrer eigenen Sprache) schwer auszusprechen finden. Das Klima ist aufgrund gleichbleibender Temperatur und Feuchtigkeit für Oldtimer-Karossen nahezu ideal. Der Mercedes Club Finnland, mit fast 4.000 Mitgliedern der drittgrößte Mercedes-Club der Welt, hütet hier seine Schätze im Verborgenen. Helsinki verfügt über ein 200 Kilometer langes unterirdisches Netz an Bunkern und Tunneln.

Der älteste Mercedes, mit bordeauxfarbenen geschwungenen Kotflügeln und eiförmigen Scheinwerfern, stammt von 1928. Daneben ein himmelblaues Cabriolet von 1936. Das mit Abstand sicherste und zugleich leiseste Fahrzeug: die Limousine des ehemaligen finnischen Präsidenten und Nobelpreisträgers Martti Ahtisaari. »Da kannst du auf Scheiben oder Reifen schießen«, sagt Anssi. »Kugelsicheres und gepanzertes Sonderschutzfahrzeug. Da prallt alles ab.«

Original-Werkzeug findet sich hier ebenso wie sämtliche Werkstattanleitungen für alle Modelle und Jahrgänge. Mercedes Finnland hat sie dem Verein überlassen. So bleiben sie erhalten, und die Mersu-Freunde freuen sich über das eine oder andere Reparaturgeheimnis. Eine unterirdische Win-win-Situation. Die Stadt erhält Mieteinnahmen, die Autofreunde ein sicheres Zuhause, wo sie nach Herzenslust polieren und ihre Schätze auf Hochglanz bringen. »Im Ernstfall müssen wir hier in sechs Stunden raus sein. Aber der tritt hoffentlich nie ein.«

Adresse Varhelantie, 00970 Helsinki-Vesala, www.suomi.mercedes-benz-clubs.com | ÖPNV Metro M 2 bis Haltestelle Mellunmäki | Öffnungszeiten Der Showroom des Mercedes-Vereins Helsinki ist nicht öffentlich zugänglich, bei Interesse kann der Verein angeschrieben und eine Führung vereinbart werden (toimisto@mb-clubi.fi). | Tipp Wer sich generell für Fahrzeuge interessiert, kann das Erottaja-Feuerwehrmuseum in der Korkeavuorenkatu 26 besuchen (Eintritt: 1 Euro; Mi–So 12–16 Uhr).

14 Das Café Engel

Himmlische Backwaren

Im Café Engel kann man herrlich den Stress der Hauptstadt, das Gewusel vor dem Dom und am Hafen abstreifen. Wie fast überall gilt auch hier Selbstbedienung. Typisch finnische Köstlichkeiten führen einen in Versuchung, von Korvapuusti (Hefeteiggebäck) bis zu Blaubeerkuchen. Das Café bietet aber auch Frühstück und Mittagstisch an. Es verbreitet ein wenig den Charme Wiener Kaffeehäuser. Doch die Krönung ist der Ausblick. Man schaut direkt auf den Senatsplatz, in dessen Mitte die Statue des Zaren Alexander II. steht und hinter dem die weißen Säulen des erhabenen Doms blitzen. Von diesem angenehmen Rückzugsort aus kann man entspannt dem Treiben zusehen und beobachten, wie die grünen Straßenbahnen vorbeizuckeln und die roten Doppeldeckerbusse auf ihrer Sightseeingtour Gäste aus aller Welt beim Dom absetzen.

An heißen Tagen bietet der Hinterhof lauschige Schattenplätze. Umgeben von den alten Gemäuern der Altstadt kann man hier nach einem Stadtbummel die Füße ausstrecken. Und falls sich jemand über den Eingangsbereich mit einer alten Kinokasse und vielen Kinoplakaten an den Wänden wundert: In den Sommermonaten verwandelt sich der Innenhof in ein Open-Air-Kino.

Das Gebäude ist eines der ältesten Steinhäuser in Helsinki. Es wurde im Jahr 1765 auf dem Gelände einer ehemaligen Rohrfabrik errichtet. Die Fassade stammt vom berühmten deutschen Architekten Carl Ludvig Engel, der zugleich auch Namensgeber des Lokals ist.

Das Café gehört zum Torikorttelit (Marktquartier), einem Revitalisierungsprojekt für das Rathausviertel. Hier waren jahrzehntelang die Behörden untergebracht. Um es zu beleben und für alle zugänglich zu machen, wurde es umfassend renoviert. Nun laden Designerstores, Kunsthandwerksläden und Lokale zum Stöbern und Verweilen ein. Zugänglich sind nun auch zahlreiche sehenswerte Innenhöfe, in denen man hinter die Kulissen und Fassaden schauen kann.

Adresse Aleksanterinkatu 26, 00170 Helsinki-Kluuvi, Tel. +358/9652776, www.cafeengel.fi | ÖPNV S-Bahn 7, Haltestelle Aleksanterinkatu | Öffnungszeiten Mo–Fr 8–21 Uhr, Sa 9–21 Uhr, So 10–19 Uhr | Tipp In den Nachbarstraßen liegen einige schöne Kunsthandwerksläden. Da finden sich auch nette Mitbringsel für die Lieben daheim.

15 Das Café Tyyni

Näher am Wasser geht nicht

Das Café Tyyni liegt an der Töölö-Bucht, dem Teil der Ostsee, der sich bis weit in die Stadt hineinstreckt und von einer wunderschönen Parkanlage mit vielen Bäumen umgeben ist. Der Park wird nicht nur von etlichen Wasservögeln bevölkert, sondern sonntags bei schönem Wetter auch von Familien und Freizeitsportlern. Die Wege führen direkt an der Bucht entlang. Auf den ausgedehnten Rasenflächen spielen Familien Frisbee, andere machen synchron Tai-Chi, und wieder andere dösen auf einer mitgebrachten Decke in der Sonne. Über die Sandwege am Ufer flanieren Paare, die nur von Radfahrern oder Joggern überholt werden.

Sommercafés gibt es viele in Helsinki, dieses aber hat sein ganz eigenes Flair. Näher als hier kann man den Ausläufern der Ostsee kaum kommen: Stühle und Tische stehen direkt am Wasser, umrahmt von zahlreichen wilden Blumen und Pflanzen, die sich am Ufer wohlfühlen. »Wild« heißt in diesem Fall tatsächlich: Sie wachsen fröhlich in den Zwischenräumen, die Tische und Stühle noch lassen. Wer will, kann sich auch einen Liegestuhl nehmen und sich auf den Steg legen oder sich im Stand-up-Paddeln versuchen. Für das Café gilt wie fast überall Selbstbedienung.

Tyyni bedeutet ruhig. Und genauso ist es auch. Fernab vom Lärm einer Großstadt. Dabei ist das kleine Sommercafé nur wenige hundert Meter vom Zentrum entfernt, so nah, dass man sogar den Hauptbahnhof von diesem Ort aus sehen kann.

Alles wirkt ein bisschen retro. Es gibt nur ein WC, das in Bauweise und Komfort mehr an ein Klohäuschen im Wald erinnert: eine rot gestrichene Holztür mit einem einfachen Holzpflock zum Verriegeln. Man beachte das Katzen-Stickbild dort an der Wand und die alten Werbeschilder. Und falls es mal länger dauern sollte, liegt auch diverse Literatur bereit. Nach dem Motto: klein, aber fein – sehr zentral, aber wenig Menschen. Gut zum Entenfüttern, Lesen oder einfach Pausemachen.

Adresse Helsinginkatu 56, 00250 Helsinki-Töölö, Tel. +358/405690046, www.instagram.com/kahvilatyyni | **ÖPNV** S-Bahn 1, Haltestelle Kaupunginpuutarha | **Öffnungszeiten** Mo–Fr 8–20 Uhr, Sa, So 10–21 Uhr | **Tipp** In Sichtweite befindet sich die Finnische Nationaloper, das führende Haus für Oper und Ballett in Finnland mit über 300.000 Besuchern pro Jahr.

16 Der Concept Store LOKAL

72 Prozent Kunst, 28 Prozent Kaffee

Individualität statt Massenware. Besonderes statt Einerlei. Exklusiver Charme statt Reißbretttristesse. So ungefähr könnte man die Idee eines Concept Store zusammenfassen. Bei LOKAL ist das ähnlich und doch anders. Wenn man den Laden im Herzen Helsinkis betritt, weiß man zunächst nicht so genau: Bin ich in einer Galerie oder in einem Geschäft? Darf ich die Sachen anfassen, die hier gezeigt werden, oder gilt wie im Museum: *Watch but don't touch!* Die Fotografin Katja Hagelstam, die dieses Geschäft seit 2012 betreibt, klärt in einer Weise auf, die ahnen lässt, dass hier viele Menschen erst mal mit einem Fragezeichen auf der Stirn reinkommen. Hagelstam sieht LOKAL als Präsentationsfläche für unabhängige finnische Kunst, Design und Handwerk. Im hinteren Raum finden sich ausgewählte Produkte aus den Bereichen Keramik, Möbel, Kunstdruck sowie Küchengeschirr. Angesagte genauso wie aufstrebende Künstler und Designer kann man hier entdecken. Helsinki ist stolz auf seine lange Design-Tradition. Und wenn man so eine finnische Form in der Hand hat, dann kann man das puristische Leben im Norden spüren, die Farben des Waldes und die Klarheit des Wassers darin erkennen.

Dabei legt Hagelstam großen Wert auf handgefertigte Waren wie zum Beispiel geflochtene Körbe und Taschen aus Birkenrinde, die in Finnland eine lange Tradition haben, mit neuen Formen und Farben jedoch einen frischen Anstrich erhalten. Oder die Wäschebänder von Mathilda Leinosen. Auf ihnen sind in feiner Schreibschrift Rezepte von traditionellen finnischen Gerichten wie *karjalanpiirakka* (Karelische Piroggen) eingestickt. Einfach aufrollen und nachkochen.

Apropos kochen: Lokal gerösteten Kaffee gibt es hier auch zu jeder Tageszeit. Somit besteht der Concept Store laut Katja Hagelstam zu 72 Prozent aus Kunst, zu 28 Prozent aus Kaffee.

Adresse Annankatu 9, 00120 Helsinki-Punavuori, Tel. +358/405915453, www.lokalhelsinki.com | ÖPNV S-Bahn 3, Haltestelle Erottaja | Öffnungszeiten Di – Fr 11 – 18 Uhr, Sa 11 – 16 Uhr, So 12 – 16 Uhr | Tipp Fußläufig erreichbar ist das Kunstmuseum Ateneum mit wechselnden Ausstellungen international bekannter Künstler.

17 Das Design-Center Iittala Arabia

Finnisches Design gehört zum Lebensstil

»Niemand stirbt, ohne je von einem Iittala-Teller gegessen zu haben«, ist ein geflügelter Spruch in Finnland. Marimekko, Iittala, Arabia – große Namen. Lange Tradition. Es gibt wohl keinen Haushalt in Finnland, in dem nicht zumindest die berühmten Zuckerkelche aus geschliffenem Glas im Küchenschrank stehen. Geschirr und Gläser dieser Marken sind wie eine Art Mitgift, wenn man einen finnischen Haushalt gründet. Design gehört zum finnischen Alltag wie Roggenbrot oder Zähneputzen.

»Nichts wird je wieder geboren, aber es verschwindet auch nicht gänzlich. Und das, was geboren wurde, wird in einer neuen Form wieder erscheinen.« Star-Designer Alvar Aalto trifft damit den Kern des finnischen Designs: schlichte, klare Formen, häufig der Natur entlehnt, sehr funktional und zugleich zeitlos. Arabia steht seit 1881 für finnisches Design. Im Design-Center sind Arabia-Keramik und Iittala-Glas vereinigt. Die Paradeunternehmen haben nicht nur die Designgeschichte geprägt, sondern auch die Identität des Landes. Aaltos Vasen, Glasvögel von Oiva Toikka und die Mumin-Tassen gehören zum kollektiven Design-Gedächtnis. Auch international hat finnisches Design seit Jahrzehnten einen festen Platz und im Übrigen mit dafür gesorgt, dass das Land zu einer wirtschaftlich erfolgreichen Hightech-Nation wurde. 2012 war Helsinki Welt-Design-Hauptstadt, was noch einmal für einen Innovationsschub sorgte.

In der alten Arabia-Fabrik befindet sich neben dem großen Fabrikshop im obersten Stock ein Museum, das die Geschichte des Porzellan- und Glasproduzenten aufzeigt. Ein Augenschmaus für Design-Fans, die hier nicht nur in die Geschichte großer Namen eintauchen, sondern auch Neues entdecken können, da gleich im ersten Raum Arbeiten von Studenten der Design-Hochschule gezeigt werden.

Adresse Hämeentie 135, 00560 Helsinki-Toukola, Tel. +358/204395326, www.designcentrehelsinki.com | **ÖPNV** Bus 71, Haltestelle Arabia | **Öffnungszeiten** Di, Do, Fr 12–18 Uhr, Mi 12–20 Uhr, Sa, So 10–16 Uhr | **Tipp** Die Aalto-Hochschule für Kunst, Design und Architektur befindet sich im selben Komplex und lohnt schon wegen der architektonischen Lösungen einen Abstecher.

18 Das deutsche Soldatengrab

Berührungspunkte der deutsch-finnischen Geschichte

Im Alten Kirchpark (Vanha kirkkopuisto) von Helsinki berühren sich deutsche und finnische Geschichte. Außerhalb Finnlands ist das kaum bekannt, im Land selbst waren der Bürgerkrieg und die deutsche Beteiligung daran lange Zeit totgeschwiegene Themen. Erst in jüngerer Zeit nehmen sich vor allem Schriftsteller dieses Themas an. Finnland war gerade unabhängig geworden, als es vom Sog der russischen Oktoberrevolution mitgerissen wurde. Im finnischen Bürgerkrieg 1918 kämpften Weiße gegen Rote, also bürgerliche Kräfte gegen die Arbeiterschaft. Obwohl der »weiße« General Mannerheim anfangs dagegen war, unterstützten deutsche Truppen die bürgerlichen Kräfte in der Schlacht um Helsinki. Sie stürmten die Hauptstadt am 11. April. Bereits zwei Tage später gaben die eingekesselten Roten auf. 200 deutsche Soldaten waren gefallen oder verwundet worden. Ihre Namen sind in diesem Denkmal aus schwarzem Granit eingemeißelt, das in seiner Größe und Form einem monumentalen Sarkophag ähnelt.

Nur wenige Meter weiter befindet sich das finnische Soldatengrab, entworfen vom Bildhauer Elias Ilka und dem Architekten Erik Bryggman. Reliefs, die das Denkmal aus schwarzem Granit schmücken, erinnern an griechische Kunst. Sie stellen Reiterjungen und einen Jüngling dar, der Pferdegeschirre hält, ähnlich den Reliefs im Fries des Parthenon in Athen. Die griechische Anmutung hat durchaus Symbolcharakter: In den frühen Jahren seiner Unabhängigkeit wurde Finnland mit dem kleinen Griechenland verglichen, das seinen gigantischen östlichen Gegner Persien bekämpfte.

Im finnischen Bürgerkrieg starben nach neueren Forschungen über 36.000 Menschen, davon gehörten 27.000 den Roten an. Dieser Bürgerkrieg, der letztlich ein Krieg der Klassen war, führte zu Gräben, die Generationen überdauern. Viele Jahre lang war dieses Thema tabu. Die Wunden dieser Zeit verheilen erst jetzt so langsam.

Adresse Bulevardi, 00120 Helsinki-Kamppi | **ÖPNV** S-Bahn 1, Haltestelle Erottaja | **Öffnungszeiten** ganzjährig, rund um die Uhr | **Tipp** Am Bulevardi 10, gegenüber dem Park, befindet sich die Galerie Helsinki Contemporary, die visuelle Kunst aufstrebender finnischer Künstler zeigt und fördert.

19 Der Digelius-Musikladen

70 Jahre und kein bisschen leise

Im Laden steht Emu. Seit mehr als 40 Jahren. Sein Bart ist über die Zeit hinweg grau geworden. Aber seine Augen sind wach und haben ein leichtes Lächeln gespeichert. Seit mehr als 45 Jahren gibt es den Laden an dieser Kreuzung der fünf Straßen (Viiskulma) bereits.

»Es war ein Montag«, sagt Ilkka »Emu« Lehtinen. Angefangen hat alles mit Jimi Hendrix. Die Musik ist Emus Welt, der Plattenladen sein Zuhause. Er berät und diskutiert mit Kunden jeden Alters über – na klar: Musik. Und über Vögel, denn Emu ist enthusiastischer Vogelbeobachter, daher auch sein Spitzname. Eine flugunfähige Vogelart. Von überall kommen sie hierher, denn es gibt kein besseres wandelndes und sprechendes Musiklexikon als Emu. Das Geheimnis der Langlebigkeit seines Ladens ist seine endlose Liebe zur Musik. Kompromisslos offen auch für die Randbereiche. »Heute mag ich vor allem experimentelle Musik. Abstraktes Zeug«, sagt Emu und lacht, wissend, dass nur wenige etwas mit dem anfangen können, das gerade lautstark im Laden aus den Lautsprechern schallt. Von Ethno-Sound bis Folk, von Avantgarde über Rock bis Klassik findet hier jeder Musikfan seine Lieblingsecke. Alles fein säuberlich sortiert, in Schutzhüllen verpackt und teilweise in feiner Handschrift beschriftet. Da, wo Regale und Schubkästen noch Platz lassen, hängen Poster von berühmten Jazzmusikern hinter Glas an den Wänden.

Der Name »Digelius« setzt sich übrigens zusammen aus digital, elektronisch und Sibelius. Emu selbst spielt ein wenig Schlagzeug, nennt sich augenzwinkernd aber lieber Bank-Musiker. Er lausche lieber im Publikum, während andere Musik machen. »Fünf Generationen habe ich hier schon ein und aus gehen sehen.« Und das wird wohl so weitergehen, denn Emu hat nicht vor aufzuhören. »Ich komme jeden Tag so gern hierher, warum sollte ich aufhören damit?«

Kurz vor Drucklegung endete Emus Leben inmitten der Musik. Der Laden wird fortgeführt.

Adresse Laivurinrinne 2, 00120 Helsinki-Punavuori, Tel. +358/906660375, www.digelius.com | **ÖPNV** S-Bahn 3, Haltestelle Viiskulma | **Öffnungszeiten** Mo–Fr 11–18 Uhr, Sa 10–16 Uhr | **Tipp** Emus Empfehlung: Gleich links, wenn man aus dem Laden kommt, befindet sich ein weiterer Musikladen – es lohne sich, auch dort vorbeizuschauen.

20 Die digitale Allmende

Open Data in einer transparenten Stadt

Wo ist die nächste Straßenbahnhaltestelle? Wann fährt der nächste Zug? Sind die Schneeräumfahrzeuge schon unterwegs? Fragen, die sich Einheimische wie Touristen stellen. Vor einigen Jahren hat Helsinki die Räumfahrzeuge mit Sendern ausgestattet und die Daten ins Netz gestellt. Wenn also mal wieder über Nacht tonnenweise Schnee gefallen ist, kann jeder auf einer digitalen Karte nachsehen, wo die Schneeräumer gerade unterwegs sind. Man erfährt sogar, ob sie momentan Fußwege oder Straßen räumen, Salz oder Sand streuen.

Helsinkis Verwaltung hat keine Angst davor, all ihre Daten kostenlos zugänglich und somit transparent zu machen. 15 Kilometer Akten lagern in den Archiven. Das Zauberwort heißt Open Data. Kaum eine andere Stadt setzt derart offensiv auf das Teilen von Wissen und Daten.

Was das nun alles dem Bewohner oder dem Touristen bringt? Die Daten, zusammengefügt in einer cleveren App namens BlindSquare, helfen blinden und sehbehinderten Menschen bei der Orientierung in der (fremden) Stadt. Die App hilft beim Navigieren, zeigt Standorte von Restaurants und Geschäften, Öffnungszeiten – nicht nur für Blinde. Sie zeigt den Weg zur nächsten Straßenbahnhaltestelle, Abfahrtszeiten und sogar aktuelle Verspätungen. Sie kennt aber auch öffentliche Toiletten, Bibliotheken und Grundrisse von öffentlichen Gebäuden. Die städtischen Busse sind übrigens schon seit 2009 »online«. Mit einem Klick sieht man auf einer Karte im Internet, welcher Bus sich gerade wo befindet. Oder wo er im Stau steht.

Open Data entwickelt sich so zu einem wichtigen Standortvorteil und wertvollen Allgemeingut, bei dem privater Datenschutz trotzdem hochgehalten wird. Eine digitale Allmende, deren großer Vorteil darin besteht, dass sich diese Ressource nicht verbraucht und dass alle von ihr profitieren. Ach ja: Offenes Internet gratis für alle gibt es in der City schon lange.

Adresse Pohjoisesplanadi 11–13, 00170 Helsinki-Kaartinkaupunki, Tel. +358/93101691, www.hel.fi | **ÖPNV** S-Bahn 4, Haltestelle Senaatintori | **Tipp** Das neu gestaltete Stadtmuseum befindet sich gleich um die Ecke vom Rathaus, erstreckt sich über fünf verschiedene Gebäude und erzählt die Geschichte der Stadt mit neuester Technik, die einen Museumsbesuch abwechslungsreich und spannend macht (Aleksanterinkatu 16, Eintritt frei).

21 Der Engel von Helsinki

Engel über Engel in der Hauptstadt

Man ist versucht zu sagen, Helsinki sei eine Stadt der Engel. Oder besser: des Engels. Denn Carl Ludvig Engel (1778–1840), Architekt aus Berlin, hat das Gesicht Helsinkis wesentlich mitgeprägt. Ein Feuer zerstörte 1808 große Teile der aus Holzhäusern bestehenden Stadt. So kam Engel ins Spiel. Er wollte der damaligen schlechten Wirtschaftslage in Deutschland entfliehen. Da kam ihm die persönliche Order von Zar Alexander I. gerade recht. 1815 erhielt Engel den Auftrag, die Stadt Helsinki, die gerade erst zur Hauptstadt aufgestiegen war, ganz neu im damals vorherrschenden Stil des Neoklassizismus zu gestalten.

Helsinki wurde sein Lebenswerk: Er schuf nicht nur das monumentale Empire-Zentrum mit Dom, Universität und Senatspalast, auch viele Häuser entlang der Unioninkatu stammen aus seiner Feder. Dieser eine Auftrag bescherte ihm ein lebenslanges Auskommen und bald auch ein eigenes Haus am Bulevardi. Dabei wäre er gern wieder nach Deutschland zurückgegangen. Aus Briefen weiß man, dass er sich das selbst nicht zugestand, denn »hier ist noch so viel zu tun«. 1840 starb er, ohne je wieder sein Geburtsland gesehen zu haben.

Ihm und anderen Engeln ganz nah kommen kann man in der 62 Meter hohen Tuomiokirkko, dem ebenfalls von ihm erschaffenen Dom. Zwei goldene Engel knien links und rechts neben dem Altar, als würden sie ihn beschützen wollen. Der deutsche Bildhauer Gustav Hermann Bläser (1813–1874) schuf die beiden. Von ihm stammt auch die Kolossalstatue des Apostels Matthäus im Dom.

Hier kann man trotz der 500.000 Touristen, die jährlich kommen, in sich hineinhorchen, eine Kerze anzünden oder ein innerliches Zwiegespräch führen. Mit sich selbst, den Engeln, den vier Aposteln oder den vier Himmelsrichtungen. Oder hinabsteigen in die Krypta – dort befindet sich nämlich ein Café. Oder noch besser: ins Café Engel gegenüber dem Dom gehen. Der Engel wegen.

Adresse Unioninkatu 29, 00170 Helsinki-Kluuvi | ÖPNV S-Bahn 7, Haltestelle Senaatintori | Öffnungszeiten Mo – So 9 – 18 Uhr | Tipp Gegenüber dem Dom befinden sich Kunsthandwerks- und Designläden. Taiga Colors hat sich auf Musterdesign spezialisiert und bietet Stoffe mit Natur- und urbanen Helsinki-Motiven an, darunter auch Flugmuster, die vom alten Flughafen Malmi inspiriert sind (Unioninkatu 28).

22 Der Escape Room

Flucht in eine Traumwelt

Die Welt braucht deine Hilfe! Ein magisches Portal zu einer anderen Dimension hat sich geöffnet, böse Trolle entsteigen ihm und bringen Hass und Angst in unsere Welt. Und dieses Portal ist irgendwo in Helsinki. Bist du mutig genug, es zu wagen und danach zu suchen? Auf deinem Weg durch die Stadt musst du Aufgaben und Rätsel lösen, um magische Kristalle aufzudecken, die dir helfen werden, das Portal zu schließen – wenn du es finden kannst. Zur Unterstützung bekommst du einige magische Gegenstände mit auf dein Abenteuer.

So lauten die Anweisungen im Escape Room Helsinki. Das Magic Portal ist ein Outdoor-Flucht-Spiel. Eine Rätselreise durch die Stadt. Früher hätte man Schnitzeljagd gesagt. Ideal, um Helsinki aus einem anderen Blickwinkel zu betrachten. Die Spiele, die in Gruppen von zwei bis fünf Personen gespielt werden, eignen sich auch für Familien mit Kindern. Bei den Outdoor-Spielen geht es rund eineinhalb Stunden zu Fuß und mit wachen Augen durch die Stadt.

Wer noch mutiger ist, kann auch gegen Terroristen kämpfen, die einen bösen Virus auf der Welt verbreiten, der sich in den Gehirnen festsetzt. Zusammen mit seiner Familie, Freunden oder Kollegen ist man eine Stunde lang eingesperrt in einem Raum und muss versuchen rauszukommen. Dazu ist weniger Kraft als vielmehr kreatives Denken und gute Beobachtungsgabe nötig. Das klingt jetzt vielleicht beängstigender, als es ist. Ein Spielemeister beobachtet den Fortschritt des Abenteuers über Kameras und gibt zudem Tipps, wenn die Mannschaft selbst nicht weiterkommt. Für alle Notfälle gibt es außerdem einen Schlüssel, mit dem man sofort den Raum verlassen kann, wenn es einem doch zu unheimlich werden sollte. Wer sich aber darauf einlässt, vergisst die Welt um sich herum garantiert. Und wird vielleicht zum Sieger über die Trolle oder zum Retter der Welt vor all dem Bösen, das da lauert.

Adresse Frederikinkatu 34, 00100 Helsinki-Kamppi; weitere Spielplätze: Bulevardi 27, Fabianinkatu 23, Kaisaniemenkatu 1, Tel. +358/103235732, www.escaperoom.fi | ÖPNV S-Bahn 7, Haltestelle Kampintori | Öffnungszeiten Buchungen Mo – Fr 10.30 – 16.30 Uhr oder über die Webseite, 140 Euro für sechs Personen | Tipp Nur wenige Meter weiter, in der Frederikinkatu 42, steht die Luther-Kirche. Von 1990 bis 2014 beherbergten die Kirchengemäuer einen Nachtclub, heute finden hier wieder evangelische Gottesdienste statt.

23 Die Fahrrad-Schnellstraße

Helsinki auf zwei Rädern

Quer durch die Stadt – mit flatternden Haaren und die Meeresluft in der Nase – vom Kiasma-Museum im Zentrum bis nach Ruoholahti im Westen der Stadt. Das geht am schnellsten auf der Baana, der Schnellstraße für Fahrradfahrer. Die Baana war früher die Bahnstrecke, heute ist sie ein breiter Weg für Radfahrer, Fußgänger und Skateboarder. Egal, in welche Richtung Sie fahren, per Rad lassen sich hervorragend viele Sehenswürdigkeiten erkunden – seien es der imposante Senatsplatz mit dem weißen Dom, der Park Kaivopuisto mit Blick aufs Meer oder die Alte Markthalle am Hafen. Abseits von Blechkolonnen, Ampeln und Benzingeruch. Helsinki gilt mittlerweile als Paradies für Fahrradfahrer.

Die Baana ist Teil des 1.200 Kilometer langen Fahrradwegenetzes in Helsinki. Auf ihrer Strecke lassen sich interessante Graffiti entdecken. Jeden Sommer gibt es ein Radrennen über 140 Kilometer. Wer es gemächlicher möchte, kann stattdessen an den geführten Fahrradtouren teilnehmen, die je nach Thema die Sehenswürdigkeiten, grüne Oasen, Kunst oder Sonnenuntergangs-Saunen im Mittelpunkt haben. Für all diese Erkundungen eignen sich die gelben Citybikes, die man überall in der Stadt findet. Von Ruoholahti, Taka-Töölö und Sörnäinen bis nach Pasila und Kumpula gibt es mittlerweile mehr als 140 Stationen mit 1.400 Citybikes – häufig im Abstand von weniger als 300 Metern –, bei denen man Fahrräder leihen kann, um schnell von A nach B zu gelangen. Eine Übersichtskarte im Internet zeigt sogar an, wie viele Räder an welcher Station gerade frei sind.

Dafür muss man sich nur einmal registrieren, und schon kann man die Räder für 30 Minuten bis zu fünf Stunden ausleihen. Der große Vorteil: Man kann sie am Standort A leihen und bei B wieder abgeben. Diesen Service gibt es übrigens das ganze Jahr hindurch. Im Winter werden die Räder einfach mit speziellen Spikereifen bestückt.

Adresse zum Beispiel: Haukilahdenkatu 134, 00550 Helsinki-Hermanni, Übersicht unter www.hsl.fi/en/citybikes | Öffnungszeiten ganzjährig, rund um die Uhr | Tipp Am Endpunkt der Baana erreichen Sie Länsisatama, den Westhafen, sowie den belebten Markt von Hietalahti. Die über 100 Jahre alte Markthalle wurde kürzlich umfassend renoviert und lädt zum Bummeln, Naschen und Einkaufen ein.

24 Das Fazerilla-Zentrum

Schlemmertempel für Schleckermäuler

Fazerilla ist ein Süßigkeitenparadies und eine Hommage an die Backkunst ganzer Konditor-Generationen. Das Fazer-Besucherzentrum ist relativ neu, es wurde erst im Herbst 2016 eröffnet. Schon nach elf Monaten verzeichnete der Anziehungspunkt den 100.000. Besucher. Karl Fazer (1866–1932) war der Sohn eines Schweizer Kürschners, der nach Finnland ausgewandert war. 1898 gründete er die »Karl Fazer Schokoladen Fabrik«, heute ein Süßwaren-Imperium mit 15.000 Beschäftigten in acht Ländern. Ich bin vermutlich die Letzte, die über diese zart schmelzenden Schokoladenträume objektiv urteilen kann. Glaubt man den Finnen, handelt es sich um die weltbeste Schokolade. Insbesondere Fazer Sininen, die »Blaue«, gehört zur finnischen Identität.

Aber Karl Fazer ist nicht nur dank seiner Schokolade unvergessen, als begeisterter Ornithologe führte er den Fasan in die finnische Landschaft ein, gründete ein Naturschutzgebiet für Vögel auf den Åland-Inseln und erreichte als Sportschütze mit der finnischen Mannschaft bei den Olympischen Spielen 1912 den fünften Platz.

Im Besucherzentrum Fazerilla begrüßt einen gleich zu Beginn ein überdimensionierter Hase, gemacht aus Tausenden von ausgepusteten Eierschalen. Die Produktionsstätten gleich nebenan kann man zwar nicht besichtigen, dafür aber die weitläufige Ausstellungshalle, die die 125-jährige Firmengeschichte aufzeigt. Dass die Konditoren wahre Künstler sind, sieht man an den faszinierenden Kunstwerken aus Zucker und Marzipan. Sehenswert: das Tropenhaus, in dem sich all die Pflanzen aus aller Herren Länder befinden, deren Blätter oder Früchte für die Herstellung der Leckereien benötigt werden. So sieht man mal, wie eigentlich Zimt oder Kardamom wachsen.

Bei all den Verlockungen läuft einem ohnehin das Wasser im Mund zusammen. Da ist es gut, dass nach dem Rundgang gleich das Fazer Café auf einen wartet.

Adresse Fazerintie 6, 01230 Helsinki-Vantaa, Tel. +358/098762613, www.visitfazer.com | **ÖPNV** Bus 587, Haltestelle Fazerinkuja | **Öffnungszeiten** Mo – Fr 9 – 18.30 Uhr, Sa 10 – 16.30 Uhr, So 12 – 16.30 Uhr; Eintritt: Erwachsene 13 Euro, Studenten / Rentner 11 Euro, Kinder (5 – 17 Jahre) 9,50 Euro, Kinder (0 – 4 Jahre) frei; für Führungen auf Deutsch Reservierung empfohlen | **Tipp** Fazer Cafés gibt es auch in der Innenstadt, zum Beispiel in der Kluuvikatu 3.

25 Feri's Sausages

Die ungarisch-finnische Wurstgalerie

1.500 Kilometer liegen zwischen Ungarn und Helsinki. Über Wasser- und Landwege sind es gar mehr als 2.000 Kilometer. Doch befindet man sich in der Pursimiehen-Straße, ist Ungarn nur noch einen Katzensprung entfernt.

Feri ist Ungar mit Leib und Seele. Vor allem mit Leib, denn für die Ungarn ist gutes Essen ein entscheidender Faktor für die Lebensqualität. Als gelernter Metzger verkauft Feri hier in Finnlands Metropole Fleisch und Wurstwaren nach ungarischer Art. Sein Verkaufsschlager ist ungarische Salami.

Für die »beste Wurst Helsinkis« wurde er bereits mehrfach ausgezeichnet. Wer die finnische Grillwurst (*grilli makkara*) kennt, die für viele nur mit viel Senf genießbar ist, kann sich vorstellen, wie viel Überzeugungsarbeit da notwendig war.

Sein Laden ähnelt jedoch weniger einer Metzgerei, sondern mehr einer Galerie, in der zufällig auch Kühlschränke stehen und eine durchgebrochene Wand den Blick freigibt auf Feris »Werkstatt«.

Feri, der 2009 nach Finnland kam, hat sich ganz bewusst dafür entschieden. Nur Fleisch und Wurst zu verkaufen, das wäre ihm zu langweilig. Deswegen hat er eine kombinierte Fleisch-Kunst-Galerie eröffnet, in der die farbenprächtigen Bilder an der Wand mit dem verführerischen Geruch ungarischer Kräuter und Salami um Aufmerksamkeit kämpfen. Das ist auch gut für seine Ehe, denn seine Frau ist Künstlerin und kann hier ihre Werke präsentieren.

Mit seinem künstlerisch angehauchten Wurstangebot gehört Ferenc Vilicsis zur Slow-Food-Bewegung in Helsinki sowie zum Design District. Ihm ist durchaus bewusst, dass seine Kombination in vielen anderen europäischen Ländern, einschließlich seines eigenen Heimatlandes, schwerlich realisierbar wäre. »Aber in Helsinki sind so verrückte Sachen möglich.« Feri lacht. Er versteht sich als Missionar der ungarischen Lebenskultur, der die Geheimnisse der ungarischen Wurst neuerdings auch in eigenen Kursen weitergibt.

Adresse Pursimiehenkatu 2, 00150 Helsinki-Punavuori, Tel. +358/445412546, www.feris.fi | ÖPNV S-Bahn 3, Haltestelle Viiskulma | Öffnungszeiten Di–Do 11–18 Uhr, Fr 11–19 Uhr, Sa 10–15 Uhr | Tipp Gegenüber der Kreuzung, an der Ecke Tarkk'ampujankatu / Laivurinkatu, befindet sich das Brewdog Helsinki, eine empfehlenswerte Bierbar.

26 Der finnische Teufel

Teuflisch gute Küche

Der Teufel hat viele Gesichter. Die Inkarnation des Bösen, der hinterlistige Widerpart und Verführer des braven Kaspar. Der Verführer im Finnjävel ist die Küche. Während Köche sonst häufig im Verborgenen zaubern, stehen sie hier gleich im Eingangsbereich: Die Küche ist das Entree des Lokals. Köche mit hohen weißen Kochmützen und schwarzen Schürzen wieseln flink hin und her, drapieren Blüten und Beeren auf Tellern, bevor die Kellner die einzelnen Gänge jeweils synchron servieren.

Extravagante finnische Küche in sieben und zehn Gängen steht hier auf der Speisekarte. Die finnische Küche mischt ja kulinarische Traditionen aus Ost und West. So gibt es definitiv einen »östlichen Biss« in der finnischen Küche, wie es ihn auch in der Architektur und der Kunst gibt. Das Ganze unter den strengen Augen zweier Herren, die als die Talentiertesten und Innovativsten ihrer Branche gelten: die Köche Henri Alén und Tommi Tuominen, deren Lokal Demo seit vielen Jahren einen Michelin-Stern hat.

Finnjävel (schwedisch: finnischer Teufel) ist die negativ behaftete Bezeichnung für Finnen, die in den 1950er Jahren nach Schweden auswanderten. Da die Auswanderer ihr Schicksal gut gemeistert hätten, deuten die Betreiber den Begriff nun um und tragen den Namen Finnjävel mit Stolz. Weil das Gebäude als eines der ältesten Helsinkis denkmalgeschützt ist, mussten die Einrichter kreativ vorgehen. Die teilweise bemalten Decken mussten unberührt bleiben. Und so gibt es statt Deckenlampen kaum sichtbare Tischleuchten, die in den schlichten Holztischen verankert sind und je nach Bedarf einfach rausgezogen werden können. Geschirr und Gläser wurden speziell für das Lokal designt. Selbst das Besteck kommt mit einem teuflisch gezackten Schwänzchen daher.

»Gott schickt uns das Fleisch, aber der Teufel die Köche«, sagen die Italiener. Beim Finnjävel scheint es zuzutreffen. Es schmeckt teuflisch gut.

Adresse Eteläranta 16, 00130 Helsinki-Kaartinkaupunki, Tel. +358/300472341, www.finnjavel.fi | ÖPNV S-Bahn 2, Haltestelle Kauppatori | Öffnungszeiten Mo–Sa 18–23.30 Uhr | Tipp Das Restaurant liegt ganz in der Nähe des Hafens. Von hier aus kann man schöne Bootsausflüge zu den vorgelagerten Inseln unternehmen.

27__Die Flohmarkt-Villa

Der älteste Kommunist der Stadt

Omar Olavi Aulis Junes kommt uns mit gebeugtem Rücken entgegen. Zerschlissene Hose, zerknittertes Hemd, Hände wie ein Minenarbeiter. Dreck und Ruß haben sich tief in jede Rille eingegraben. Mit wachen hellblauen Augen und einem selten gezeigten Lächeln, dem schon einige Zähne fehlen. Seit 1985 wohnt er in dieser Villa – auf einer Anhöhe auf der östlichen Seite der Töölöbucht. Die einst prachtvolle Villa von 1870 ist ein ganzjähriger Flohmarkt. Seit über 50 Jahren sammelt Junes alles, was er für erhaltenswert hält: Sofas im Treppenaufgang, kaputte Stehlampen, raumweise Bücher, abgelegtes Spielzeug, massenhaft Geschirr, Kerzenleuchter. Die 28-Zimmer-Villa ist vollgestopft bis unters Dach. Durch manche Räume muss man sich regelrecht durchkämpfen, aber das ist auch eine Entdeckungsreise durch die Zeit. Das Haus erzählt Geschichten von Geschmack und Kitsch, Kunst und Krempel. Und im Hintergrund läuft leise klassische Musik.

Junes hat weder Handy noch Computer. Diese Technik bringe die Balance des Gehirns durcheinander, sagt er. Worauf eine Kritik am Geldsystem, an der Politik und am Klimawandel folgt. Trotz seiner 80 Jahre ist Junes ein streitbarer, leicht mürrischer Mann mit wachem Geist und einer unerklärlichen Faszination. Früher arbeitete Junes für die Diakonie, in seinem Haus wohnten Obdachlose und Alkoholiker, bis es ihm selbst zu anstrengend wurde.

Heute bewohnt er nur einige wenige Kellerräume der Villa, wobei man sich wundert, wie trotz des beißenden Rauchs vom bollernden Holzofen und der Dunkelheit, die hier alles umgibt, seine Pflanzen und er selbst überleben.

Sobald das Gespräch auf sein Leben kommt, lässt der Redeschwall nach. Zwei Kinder habe er, vielleicht auch mehr. Das könne er nicht mit Sicherheit sagen. Der Kommunist und Anarchist lehnt Ehe, TV-Gebühren und Kirche ab. »Gott gibt es nicht. Da oben im Himmel ist nur Luft. Weiter nichts.«

Adresse Linnunlauluntie 9, 00530 Helsinki-Töölö / Linnunlaulu | **ÖPNV** Bus 23, Haltestelle Kuntatalo | **Öffnungszeiten** täglich ab 10 Uhr | **Tipp** Das Viertel Linnunlaulu (Vogelgesang) ist bekannt für seine romantischen Holzvillen aus dem 19. Jahrhundert, die alle noch bewohnt sind. Darunter auch die Villa Kivi, die Autoren zur Verfügung gestellt wird, die in Ruhe schreiben wollen.

28 Der Fotopionier

Die Wiege der finnischen Fotografie

Fahrrad und Kameraausrüstung – viel mehr brauchte Into Konrad Inha nicht, um glücklich zu sein. Inha (1865–1930) ist der Fotopionier Finnlands und Wegbereiter der finnischen Unabhängigkeit. Das Multitalent schrieb Artikel und Bücher, übersetzte Texte und importierte Fahrräder aus England. Er fuhr am liebsten mit einem selbst umgebauten Rad, mit dem er seine 23 Kilogramm schwere Fotoausrüstung transportieren konnte.

Die Fotografie steckt noch in den Kinderschuhen, als Inha ihr in Finnland zum Durchbruch verhilft. Sein Handwerk erlernt er jedoch im Allgäu. 1889 bis 1890 besucht er die »Praktische Lehranstalt für Photographie« unter der Leitung des deutschen Fotografen Wilhelm Cronenberg in Bad Grönenbach. Inha muss besessen gewesen sein von der Idee, Momente für die Ewigkeit festzuhalten. Mit seiner Plattenkamera dokumentiert er wie kein anderer zuvor das entbehrungsreiche Leben der Bauern in Weißmeerkarelien, und zwar auf ungewöhnlich moderne Art und Weise. Später dokumentiert er mit seiner Plattenkamera die städtische Entwicklung Helsinkis. Diese Glasplatten-Aufnahmen wurden mittlerweile vom Finnischen Museum für Fotokunst digitalisiert.

Inha wird oft in einer Reihe mit dem Komponisten Jean Sibelius und dem Künstler Akseli Gallén-Kallela genannt. Finnland war damals noch russisches Großfürstentum, und die finnische Identität schlummerte nur als Idee in den Köpfen. Die Künstler beförderten diese, etwa auf der Pariser Weltausstellung 1900, bei der auch Inhas Fotografien gezeigt wurden. Allerdings ist Inha nicht annähernd so berühmt geworden wie seine Freunde. Ständig plagten ihn Schulden, sein weniges Geld schluckte die sündteure Kameraausrüstung. In den letzten Lebensjahren lebte er verarmt und vereinsamt in der Ratakatu 7 im Bezirk Punavuori. Es heißt, sein Herz habe für die finnisch-estnische Schriftstellerin Aino Krohn geschlagen, doch seine Liebe blieb unerwidert. Aino heiratete einen Diplomaten, und Inha blieb ein Leben lang allein.

Adresse Ratakatu 7, 00120 Helsinki-Punavuori | ÖPNV Bus 24, Haltestelle Johanneksenkirkko | Tipp Ganz in der Nähe befindet sich die Johanneskirche, ein Hauptwerk der Neugotik in Finnland. Den Namen erhielt die Kirche, weil an ihrem Standort früher das Mittsommerfest mit dem Johannisfeuer gefeiert wurde.

29_Frank/ie Design

Gemeinsam sind sie stark

Design gehört in Finnland zum Lebensgefühl, durchzieht sämtliche Lebensbereiche und ist allgegenwärtig. Doch gegen die Klassiker wie Iittala und Marimekko haben es junge Designer oft schwer, sich Gehör zu verschaffen und wahrgenommen zu werden. Als Textildesigner seine eigene Kollektion in einem Laden in Helsinki zu präsentieren ist fast unmöglich. Deshalb haben sich fünf Kreative zusammengeschlossen und zeigen ihre Vorstellungen von schönem Design gemeinsam unter einem Dach in einem Showroom im Design District Punavuori. Olli Turunen vom Label Vejits, das Mode und Schmuck vertreibt, schätzt vor allem die Zusammenarbeit hier. »Wir sind keine Konkurrenz. Im Gegenteil: Durch den Geist der Zusammenarbeit entstehen oft ganz neue, tolle Ideen.« Die Modedesigner arbeiten nach ökologisch-ethischen und nachhaltigen Kriterien, befruchten sich gegenseitig, ohne dass ihr jeweils eigener Stil dadurch abgeschliffen würde. So unterscheiden sich die Stoffkreationen stark in Farbe, Material und Form. Fröhlich wird hier mit unterschiedlichen Stilen experimentiert. Der Laden selbst ist sehr schlicht gehalten, als ob nichts die Konzentration vom Wesentlichen ablenken solle. Unter dem Label Vejits entsteht so eine Mischung aus schlichtem nordischen Stil mit asiatischem Touch. Zur Produktpalette gehört auch Silberschmuck, kombiniert mit Birkenholz.

Hergestellt werden die Produkte in Finnland und Estland. Dass ihr Weg der Zusammenarbeit zu höherer Schlagkraft führt, beweisen ihre Erfolge: Ihre Kollektionen wurden bereits auf der New York Fashion Week und auf der Pariser Modewoche gezeigt. Inzwischen gibt es sogar einen zweiten Laden, HIMO, im Stadtteil Kallio.

Wer die Begeisterung der Finnen für gutes Design verstehen will, sollte einfach die Atmosphäre in den Showrooms erschnuppern und erfühlen. Und ins Gespräch kommen. Einer der Designer ist fast immer anzutreffen.

Adresse Annankatu 13, 00120 Helsinki-Punavuori, Tel. +358/451395313, www.vejits.com, www.frankie.fi | **ÖPNV** S-Bahn 3, Haltestelle Erottaja | **Öffnungszeiten** Di – Fr 12 – 18 Uhr, Sa 12 – 17 Uhr; HIMO in Kallio (Fleminginkatu 7): Di – Sa 12 – 17 Uhr | **Tipp** Das Restaurant Muru in der Fredrikinkatu 41 bietet erstklassige finnische und französisch beeinflusste Küche. Es gilt als Lokal mit den besten Weinsommeliers des Landes.

30 Der Friedhof Hietaniemi

Von Präsidenten und Künstlerpersönlichkeiten

Alle wichtigen historischen Persönlichkeiten Finnlands liegen hier begraben. Künstler, Schriftsteller, Politiker, Musiker. Der Star-Designer Alvar Aalto, Künstler wie Akseli Gallén-Kallela und Eila Hiltunen, Schriftsteller wie Mika Waltari, Präsidenten wie Urho Kaleva Kekkonen und Marschall Carl Gustaf Emil Mannerheim. Der Friedhof Hietaniemi ist der mit Abstand größte Friedhof Helsinkis. Hier finden auch die Staatsbegräbnisse statt.

Der Friedhof liegt direkt am Wasser, neben einem öffentlichen Strand, wo im Sommer das pralle Leben tobt. Ein tröstlicher Gedanke, so ein schöner Ort für die letzte Ruhe. Als ob alle, die hier ihren letzten Platz gefunden haben, aufs Meer schauen und dem Rauschen der Wellen lauschen könnten. Ein friedlicher Ort, parkähnlich angelegt, mit vielen Alleen, alten Bäumen und aufwendigen Gedenkstätten. Betörend im Frühsommer, wenn die blühenden Fliederbäume ihren Duft verbreiten.

Sehr schön und gepflegt sind die Kriegsgräber aus dem Zweiten Weltkrieg. Über 3.000 Gefallene sind hier beerdigt. Reihenweise Gedenksteine und in ihrer Mitte der berühmte Feldmarschall Mannerheim. Unmittelbar neben diesen großen Grabfeldern ruhen auch 121 deutsche Soldaten. Da die Gräber nicht individuell bepflanzt werden, strahlt dieser Friedhof seinen ganz eigenen Charme aus. Etwas mystisch, gedankenverloren und eben sehr friedlich. Gegen Abend kann man hier wunderschöne Sonnenuntergänge am Meer beobachten, insbesondere in den Sommermonaten.

Der finnische Filmemacher Aki Kaurismäki wollte hier einmal einen Film drehen, in dem es um eine lang anhaltende Hitzewelle ging, die zu anderen Bewusstseinszuständen führt. Die Arbeit wurden jedoch schon nach wenigen Wochen abgebrochen, der Film nie vollendet. Ob es daran lag, dass sich letztlich doch niemand so recht eine Hitzewelle in Helsinki vorstellen konnte? Die genauen Gründe blieben jedenfalls im Verborgenen.

Adresse Hietaniemenkatu 20, 00100 Helsinki-Hietaniemi, Tel. +358/923402800 | **ÖPNV** Bus 24, Haltestelle Väinämöisenkatu | **Öffnungszeiten** Mo–So 7–22 Uhr | **Tipp** Der Badestrand von Hietaniemi grenzt direkt an den Friedhof. Ein schöner Sandstrand, familienfreundlich und sehr beliebt.

31 Der Frisbee-Golf-Platz

Discgolf inmitten von Wäldern und Seen

Wussten Sie, dass es bereits jetzt in Finnland mehr Frisbee-Golf-Anlagen als Golf-Anlagen gibt? Und jedes Jahr kommen mehrere Dutzend hinzu. Inzwischen wird auf über 350 Parcours ge-frisbee-golft. Die meisten von ihnen befinden sich in öffentlichen Parks oder Sportzentren. In Finnland ist Frisbee oder Discgolf binnen kurzer Zeit schon fast ein Nationalsport geworden. Zumindest eine ernst zu nehmende Konkurrenz zu Eishockey und Eisangeln. Eine der beliebtesten Anlagen in Helsinki ist Kivikon Frisbeegolfrata. Der Track ist auch für Anfänger gut geeignet. Die Anlagen haben 18 oder 21 Körbe, analog zu den Löchern beim Golf.

Juha spielt seit zwei Jahren Frisbee-Golf. In seinem Rucksack befindet sich ein halbes Dutzend verschiedener Scheiben. Welche zum Einsatz kommt, hängt von Wind, Geschwindigkeit und Weite ab. 60 bis 80 Meter sind die Körbe vom Abschlag entfernt. Die größten Hindernisse sind jedoch die Bäume, um die herumgeworfen werden muss. Oder zur Abwechslung ein Teich auf freier Fläche, in dem Juha gleich mal seine Scheibe versenkt. Mit Hilfe eines längeren Stocks, der für solcherlei Missgeschicke schon bereitliegt, kann er sie aber schnell wieder rausfischen. Doch die Punkte an diesem Abschlag sind futsch.

Der finnischen Mentalität kommt diese Sportart entgegen: Einerseits treten die Finnen gern in einen mehr oder minder ernst gemeinten Wettstreit, zum anderen halten sie sich bevorzugt in der Natur, insbesondere im Wald, auf, da sie um die gesundheitsfördernde Wirkung des Waldes seit Langem wissen. Entschleunigen, zusammen mit Freunden Spaß haben, Bewegung in der Natur und ein bisschen Konkurrenz. Für die Finnen eine perfekte Mischung.

Der Spieler mit der niedrigsten Zahl an Würfen gewinnt. Auch wenn am Anfang nicht vorstellbar ist, mit der Scheibe überhaupt etwas zu treffen. Es macht wirklich Laune. Einfach mal ausprobieren!

Adresse Savikiekontie 4, Helsinki-Kontula, www.frisbeegolfradat.fi | **ÖPNV** Bus 560, Haltestelle Kivikonlaita | **Öffnungszeiten** ganzjährig, rund um die Uhr | **Tipp** In der Nähe steht die moderne Kontulan-Kirche aus dem Jahre 1988 mit sechs verschiedenen Glocken im von der Kirche abgetrennten Glockenturm.

32 Der Friseur Mönkkönen

Wo der Präsident sich die Haare schneiden ließ

Der finnische Kultregisseur und Meister der Melancholie Aki Kaurismäki hat hier so manche Filmszene gedreht und dem vermutlich ältesten Friseurgeschäft Helsinkis zu einiger Popularität verholfen. Ein Friseurladen, wie er schräger kaum sein könnte. An dem die Requisite gar nichts mehr ändern muss, weil ein herrlich stimmiges Ambiente herrscht. Seit 1898 werden hier Haare geschnitten. Kalevi Mönkkönen, ein typischer Finne mit freundlichem Blick und zarten Händen, hat das Geschäft von seiner Mutter übernommen und betreibt es zusammen mit seiner Ehefrau seit 1967. Es kann passieren, dass man den Friseurmeister selbst auf einem der »Behandlungsstühle« sitzend und gemütlich Zeitung lesend vorfindet. Zusammen mit dem Stoffbären Mischka, dem Maskottchen der Olympischen Spiele in Moskau 1980. Auch schon eine ganze Weile her.

Der Laden strahlt Intimität aus, nostalgische Sitzmöbel und antike Friseurrequisiten werden hier wie Schätze in einem Museum liebevoll aufbewahrt. »Die Friseurstühle sind mindestens 50 Jahre alt. Die Bürsten in der Glasvitrine sind von 1928«, sagt Kalevi nicht ohne Stolz. Ich möchte gar nicht wissen, wie viele Haare sie gekämmt haben. Selbst das museale Wandtelefon funktioniert noch. Die alte Kasse, die in ihrem Leben sicher noch keinen Euro gesehen hat, stammt vermutlich aus derselben Epoche.

Kalevis Haar sitzt selbstverständlich perfekt. Dennoch zeigt uns seine Frau an seinem Haupt, wie sie mit einem museumsreifen Haarschneider von 1928 dem damaligen Präsidenten Kekkonen die Haare geschnitten hat. Worüber dabei gesprochen wurde, will sie jedoch nicht verraten. Nur so viel: Kekkonen habe sich immer handschriftliche Notizen in ein kleines Heft geschrieben.

Von dem Laden geht eine eigentümliche Gemütlichkeit aus. Die im Laufe der Jahre abgeschnittenen Haare ergäben vermutlich einen Berg so hoch wie Malminkartanonhuippu, die höchste Erhebung Helsinkis.

Adresse Fredrikinkatu 58, 00100 Helsinki-Etu/Töölö, Tel. +358/9490107 oder +358/408615542 | **ÖPNV** S-Bahn 2, Haltestelle Kamppi, von da noch 300 Meter zu Fuß | **Öffnungszeiten** Mo–Fr 8–17 Uhr | **Tipp** Im selben Gebäude befindet sich auch das Antiquariat SS Libricon mit Büchern aus zweiter Hand.

33 Die Galerie Hippolyte

Im ältesten Kino der Stadt laufen die Bilder nicht

Begonnen hat alles in einer ehemaligen Garderobe. Das war 1978 in der Pietarinkatu. Fünf Fotografen gründeten die Galerie, weil es keinen ausgewiesenen Ort für Kunstfotografie in Helsinki gab. Neben den großen finnischen Fotografen wie I. K. Inha wurden auch internationale Künstler wie Robert Frank und W. Eugene Smith gezeigt. Über 20 Jahre später wurde die »Garderobe« zu klein. Die Galerie der Vereinigung der finnischen Fotografen zog für die nächsten 15 Jahre in die Kalevankatu und von da schließlich in die Yrjönkatu in die Räumlichkeiten des ältesten Kinos der Stadt. Schon 1915 begann man hier im »Edison«, benannt nach dem Erfinder Thomas Alva Edison, Filme zu zeigen. Ihm haben wir ja bekanntlich die 35-Millimeter-Filmtechnik zu verdanken.

Zur Galerie Hippolyte, deren Name aus der griechischen Mythologie stammt, gelangt man über einen Innenhof. Der Eingang erinnert mit seinen Lämpchen im gewölbten Vordach noch stark an prachtvolle Hollywoodschinken-Zeiten.

Heute wird hier vor allem zeitgenössische finnische Fotografie gezeigt. Der Verband der finnischen Kunstfotografen zählt mittlerweile 400 Mitglieder. Im rund sechs Meter hohen Kinosaal können die Kunstwerke vor weißen Wänden so richtig wirken. Zwölf Ausstellungen werden hier im Schnitt pro Jahr gezeigt. Von der Street- und Reportage- über die Porträt- und Landschaftsfotografie bis hin zur experimentellen Fotografie. Vielleicht werden Sie hier Fan der finnischen Sicht auf die Welt. Getreu der Philosophie von Mario Cohen (Galerist Fine Art Photography Rio de Janeiro): »Ein Bild gibt uns das Gefühl, die ganze Welt in den Händen zu halten. Fotos sind Dokumente des Augenblicks, des Lebens, der Geschichte. Die Fotografie verwandelt die Welt in ein ewig fortbestehendes Angebot, aus der Wirklichkeit in das Reich der Phantasie, aus dem Schmerz in die Freude zu fliehen – durch das Fenster der Seele, das Auge.«

Adresse Yrjönkatu 8–10, 00120 Helsinki-Kamppi, Tel. +358/96123344, www.hippolyte.fi | **ÖPNV** S-Bahn 3, 6T, Haltestelle Erottaja | **Öffnungszeiten** Di–Fr 12–17 Uhr, Sa, So 12–16 Uhr, im August geschlossen; Eintritt frei | **Tipp** Gegenüber befindet sich der Vanha kirkkopuisto, der Park mit der ältesten Holzkirche Helsinkis aus dem Jahr 1826, die von Architekt Engel im neoklassizistischen Stil entworfen wurde.

34 Die geheime Bar

Das mysteriöseste Rätsel des Nachtlebens Helsinkis

Diese Bar ist so geheim, dass sie weder Namen noch Adresse hat. Auch keine Webseite. Nicht mal ein Klingelschild. Aber es soll sie geben. Eine Bar, die man nur findet, wenn man weiß, wo man suchen muss. Eine Bar für Menschen, die inkognito bleiben wollen. Ein Lokal für Leute, die das Außergewöhnliche suchen. Ein Schuppen nur für Eingeweihte.

Die geheime Bar soll in Stil und Atmosphäre an die 1920er Jahre erinnern, als die Alkoholprohibition ihren Höhepunkt hatte. Herstellung und Verkauf von alkoholhaltigen Getränken waren zur damaligen Zeit unter Strafe verboten. Der Schwarzmarkt boomte. Ebenso Lokale wie dieses, in denen Alkohol heimlich und in Wassergläsern ausgeschenkt wurde. Spärlich beleuchtet soll der Salon sein, mit Sofas und Sesseln aus dunkelrotem Samt. Eine schummrige Atmosphäre, die nicht erkennen lässt, wer mit wem wie viel trinkt. Die Lampen haben vermutlich lustige Troddeln. Und schwere Teppiche schlucken jeden Schritt, jede geheime Konversation und jeden verbotenen Kuss.

Die Musik sei auch anders als anderswo. Passend zur damaligen Zeit höre man Lieder der Goldenen Zwanziger, Tanzmusik, Jazz und Swing. Man müsse schon sehr gute Augen haben und dennoch eine ganze Zeit lang nach dem Eingang suchen, verrät ein Insider, der nicht genannt werden will. Er selbst habe fast eine halbe Stunde nach der Eingangstür gesucht, sie dann aber schließlich gefunden. Ja, er sei drin gewesen und erstaunt darüber, dass es so etwas gebe in Helsinki. Zu viel wolle er aber über diesen Ort nicht preisgeben.

Wo genau diese geheime Bar sei, will er nicht verraten. Nur so ungefähr zeigt er an, in welcher Straße sie sich befindet. Wenn Sie sich also selbst auf die Suche begeben wollen: Das mysteriöseste Nachtlokal Helsinkis soll sich irgendwo in der Katariinankatu befinden, zwischen Dom und Hafen. Zwischen gestern und heute. Zwischen Stadtlegende und Sehenswürdigkeit.

Adresse Katariinankatu, 00170 Helsinki-Zentrum | ÖPNV S-Bahn 2, Haltestelle Kauppatori | Tipp In derselben Straße liegt auch das MadeBy, ein Ort für Künstler, Designer und solche, die das Einzigartige suchen. Von Papierarbeiten über Schmuck bis hin zu kleinen Nettigkeiten findet hier jeder ein schönes Erinnerungsstück.

35 Die geheimen Botschaften

Poesie unter den Füßen

Man übersieht sie leicht. Tritt achtlos auf sie drauf oder nimmt sie gar nicht wahr. Dabei sind sie kleine Kunstwerke. Botschaften für Fußgänger. Hinweise für Touristen, Epigramme für Bürger der Stadt. »Im Hinterzimmer der Stadt genießen Sie die Aussicht auf das Meer«, steht auf einem gusseisernen Gullydeckel. Ist hier das Hinterzimmer der Stadt? Und wenn ja, wohin führt es? Oder ist hier Endstation? Sollte ich besser umdrehen, oder wartet da vorn vielleicht noch ein größeres Abenteuer auf mich?

Auf jeden Fall hat man von hier einen grandiosen Blick auf den Hafen und die Ostsee. Hier laufen die großen Passagierschiffe ein, und von hier starten auch die Fährtaxis zu den vorgelagerten Inseln. Etwa zur Festungsinsel Suomenlinna, die zum UNESCO-Weltkulturerbe gehört und jedes Jahr rund 900.000 Besucher anzieht.

Denise Ziegler, eine aus der Schweiz stammende und heute in Helsinki lebende Künstlerin, hat die Stücke entworfen, die sich verstreut auf den Straßen und Plätzen der Stadt finden. Jedes mit einer Botschaft versehen. »Diese Straße nimmt dich mit zu den vergangenen Momenten und Gebäuden des Nordens.« Es steht uns frei, den Botschaften zu folgen oder nicht. Die Künstlerin wollte damit nach eigenen Angaben die Stellung des Fußgängers in der Stadt stärken. »An diesem Punkt wartete eine Frau, als gerade ein roter Wagen vorüberfuhr.« Kurze Nachrichten für die Passanten. Gedenktafeln der besonderen Art. Noch ein paar Beispiele gefällig? »Der rote Mann steht auf der anderen Seite der Straße. Ich stehe hier.« Und last, but not least: »Ich bin eine Wärmeabdeckung des Bezirks, ein Wächter der unterirdischen Tunnel.«

Hat man einmal eine Botschaft entdeckt, findet man auch die nächsten. Eine Schnitzeljagd durch die Stadt, wenn man einfach den Blick nach unten richtet. Starten können Sie am Kamppi, am Mannerheimplatz, in der Mikonkatu, auf der Pohjoisesplanadi und in der Simonkatu.

Adresse Eteläranta, 00130 Helsinki-Kaartinkaupunki | **ÖPNV** S-Bahn 2, Haltestelle Eteläranta | **Öffnungszeiten** ganzjährig, rund um die Uhr | **Tipp** Wendet man den Blick vom Meer wieder zum Land, steht man direkt vor der Alten Markthalle, der ältesten Markthalle Helsinkis von 1888, deren Besuch man unter keinen Umständen verpassen sollte.

36 Die Gletschermühlen

Die Spuren der Eiszeit auf Pihlajamäkis Felsen

Ganz unspektakulär, am Rand eines Wohngebietes und direkt an einer Durchgangsstraße, könnte man sie gut und gern übersehen. Geradezu unscheinbar sind sie, wären da nicht die Absperrgitter. Dabei ist es eine geologische Sensation, die hier durch Zufall bei Bauarbeiten für eine neue Unterführung entdeckt wurde. Die größten und ältesten Gletschermühlen von ganz Finnland. Umgeben von Metallzäunen, damit niemand versehentlich in die mit Wasser gefüllten, trichterartigen Kessel stürzt.

Zu entdecken sind sie im Stadtteil Pihlajamäki, errichtet auf hohen Felsen mit markanten Hochhausreihen im funktionalistischen Stil der 1960er Jahre. Diese Gletschermühlen sind mindestens 50.000 Jahre alt, vielleicht sogar älter als 100.000 Jahre. Genau lässt sich das nicht feststellen. Fest steht nur, dass sie nach der letzten Eiszeit entstanden sind. Als die Gletscher schmolzen, gerieten Steine im Wasserstrom in kreisförmige Bewegung und mahlten sich wie Mühlsteine in den darunterliegenden Felsen. Der Strom musste allerdings groß und stark genug sein, um diese »natürliche Bohrmaschine« in Gang zu setzen. Hiidenkirnu nennt man diese Riesenkessel auf Finnisch.

Ein Namenswettbewerb bescherte den Gletscherkesseln die Namen Aarnipata und Rauninmalja – frei übersetzt: Urkessel und Raunis Schüssel. Aarnipata ist 8,5 Meter tief und hat einen Durchmesser von 6,9 Metern. Rauninmalja hat einen Durchmesser von 1,6 Metern und eine Tiefe von 3,2 Metern. Der Mahlstein wiegt rund sechs Tonnen.

Rauni verweist auf den höchsten Gott Ukko, wie er etwa in den alten Geschichten des Nationalepos Kalevala vorkommt. Aarnipata lehnt sich an den Namen des Gebietes an, bedeutet aber auch »Wächter des Schatzes«, was viel Spielraum für Phantasie lässt. Wer weiß, vielleicht ist da ganz unten ja wirklich noch etwas, das entdeckt werden will? Fans von Geocaching können hier auch nach einem Cache suchen.

Adresse Rapakiventie, 00710 Helsinki-Pihlajamäki | **ÖPNV** Bus 71 oder Zug I, Haltestelle Pukinmäki | **Öffnungszeiten** ganzjährig, rund um die Uhr | **Tipp** Ganz in der Nähe befindet sich der Arkkitehtuuripolku, der erste architektonische Pfad Helsinkis. Beginnend an der Vuolukiventie 3 zeigt er die Besonderheiten des international beachteten Städtebaus der 1960er Jahre, darunter auch die Türme von Sato.

37 Das grünste Grün-Projekt

Ein einzigartiges Wohnprojekt

Grüne Fassaden, grüne Dächer, grüner Hof, grüne Balkone. Hier gibt es nur ein Ziel, und das heißt: *vihreista vihrein*, das grünste Grün. Eine grüne Wohnoase, ein Wohnprojekt der Stadt Helsinki, das den Schwerpunkt auf Landschaftsgestaltung legt und die Auswirkungen dieser Begrünung auf den Wohnkomfort ökologisch und soziologisch untersucht. Auf den Dächern wachsen nicht nur Kräuter, sondern auch Beeren und Früchte, die man in der Pause zwischen zwei Saunagängen genießen kann. Hängende Pflanzen wie Weinreben, die über ein spezielles Bewässerungssystem genährt werden, ranken sich entlang der Außenfassade. Im Innenhof wilde Sommerblumen, die den Schmetterlingen als Service-Station dienen, sowie heimische Baumarten, die im Sommer Schatten spenden. So ist zumindest die Ausrichtung. Biodiversität und Nachhaltigkeit haben die Planer Markku Hainari und Taina Suonio dabei im Auge. Untersucht wird, wie sich die Begrünung auf den Wohnkomfort auswirkt, aber auch, ob und wie die Pflanzen in der städtischen Umwelt überleben können.

Die rund 110 Wohnungen wurden im September 2017 erstmals bezogen. In zehn Jahren wollen die Forscher dann wissen, ob das grüne Stadthaus als Modell für zukünftige Stadtgestaltung dienen kann.

Noch sind die Fassaden allerdings grau in grau. Aber selbst diese weisen eine interessante Konstruktion auf. Und bis zum Sommer zieht hier sicher schon das ein oder andere Grün ein.

Ohnehin boomt der Wohnungsbau in Helsinki. Rund 630.000 Menschen leben in der Hauptstadt, und jedes Jahr kommen nach Angaben der Stadtverwaltung rund 7.500 Einwohner hinzu. Alle neuen Wohnquartiere sollen umweltfreundlich, nachhaltig und innovativ gestaltet werden. So ist im selben Stadtteil Jätkäsaari ein weiteres Vorzeigeprojekt in Planung. Wood City, bestehend aus achtstöckigen Gebäudegruppen aus Holz, soll bis 2019 ein neuer Meilenstein im finnischen Holzbau werden.

Adresse Länsisatamankatu 36/Hyväntoivonkatu 4, 00220 Helsinki-Jätkäsaari | ÖPNV S-Bahn 9, Haltestelle Saukonpaasi | Öffnungszeiten ganzjährig, rund um die Uhr | Tipp Das Meer ist auch hier nicht weit, und man kann dem Treiben der Schiffe zusehen. Der Hafen wird allerdings immer weiter zurückgedrängt, um Platz für Büros und Wohnungen zu schaffen.

38 Das Hakaniemi-Viertel

Heimat der Arbeiterbewegung

Hakaniemi (schwedisch: Hagnäs) ist ein inoffizieller Stadtteil, eigentlich gehört er noch zum Zentrum, was sich schon dadurch zeigt, dass die Lebenshaltungskosten mittlerweile genauso hoch sind. Dennoch schwingt hier noch ein wenig Arbeiterklasse mit. Denn Hakaniemi ist Sitz der Gewerkschaften und wird bis heute mit der Arbeiterbewegung in Verbindung gebracht. Hier befindet sich auch das Hauptquartier der Sozialdemokratischen Partei.

Doch die Verbindung zur Arbeiterbewegung ist allem voran eine historische. Von Hakaniemi ging 1918 der finnische Bürgerkrieg aus. Das gerade erst von Russland unabhängig gewordene Finnland litt unter hoher Arbeitslosigkeit und steigender Lebensmittelknappheit. Die russische Oktoberrevolution schwappte regelrecht nach Finnland über. Generalstreiks, Umsturzversuche und eine zunehmende Radikalisierung beider Lager waren die Folge. Am Abend des 27. Januar 1918 um 23 Uhr leuchtete am Turm des Gewerkschaftshauses eine rote Lampe als Signal der beginnenden Revolution. Die Rote Garde (Arbeiterbewegung) eroberte die Hauptstadt sowie weitere strategisch wichtige Orte. Doch weder die Roten Garden noch die bürgerlichen Kräfte, die »Weißen«, waren dafür geschaffen, einen ausgewachsenen Bürgerkrieg zu führen. Schlechte Ausbildung, fehlende Disziplin und unzureichende Führung behinderten die Kriegsführung auf beiden Seiten. Im April konnten die »Weißen« unter General Mannerheim mit Unterstützung deutscher Truppen die Hauptstadt zurückgewinnen. Im Mai 1918 endete der Bürgerkrieg, als sich die letzten Roten ergaben, mit einer erschreckenden Bilanz: Durch Krieg, Gefangenenlager, Massaker und Hinrichtungen starben 36.640 Menschen.

Der Bürgerkrieg hinterließ eine tief gespaltene Gesellschaft und eine gedemütigte Arbeiterschaft. Die Wunden heilten jahrzehntelang nicht. Ein echter Versöhnungsprozess setzte erst zwei Generationen später ein.

Adresse Unioninkatu, 00530 Helsinki-Hakaniemi | **ÖPNV** Metro M 2, Haltestelle Hakaniemi | **Tipp** Jede Menge Kultur und zugleich Esskultur finden Sie im ehemaligen Schlachthof Teurastamo in nördlicher Richtung (Työpajankatu 2).

39 Die Hartwall Arena

Auftauen auf finnische Art

Es gibt wenige Orte, an denen der Finne so richtig auftaut. Die Sauna ist so ein Ort. Die Karaoke-Bar vielleicht. Und beim Eishockeymatch. Eishockey ist in Finnland wie Fußball in Deutschland. Es gibt kaum etwas Wichtigeres als das Finale der Eishockeyliga, kaum enthusiastischere Fans und lautstärkere Fangesänge von den Rängen, wenn sich das Licht im Eis spiegelt, der Puck blitzschnell übers Eis flitzt und die Kufen Fontänen an Eissplittern in die Luft schießen. Man muss sich gar nicht für Eishockey begeistern, um hier seinen Spaß zu haben. Auf jeden Fall lernt man die Finnen auf eine ganz andere Art kennen.

Die Hartwall Arena (finnisch: Hartwall Areena) ist die Heimstatt des fünffachen finnischen Meisters Jokerit Helsinki. Als einziger finnischer Eishockeyclub spielt er derzeit in der russisch geprägten KHL (Kontinental Hockey League). Pünktlich zur Eishockey-Weltmeisterschaft 1997 wurde die ellipsenförmige Mehrzweckhalle im Stadtteil Pasila eröffnet. Sie ist 133 Meter lang, 103 Meter breit und 32,5 Meter hoch. Das erste Konzert gaben die Beach Boys nur wenige Tage später in der Arena.

Wenn nun wie hier Sauna und Eishockey zusammenkommen, kann man aus finnischer Perspektive schon fast von einem perfekten Leben sprechen. So bietet die Hartwall Arena Sauna-Boxen an, von denen aus man das Eishockeymatch von oben mitverfolgen kann. Wer es ganz schick möchte, kann eine sogenannte Skybox für zehn bis 70 Personen mieten, inklusive Partyraum mit Blick auf die Arena und Bewirtung.

Wer mit weniger Luxus zurechtkommt, kann auch einfach eine Führung durch die Hartwall Arena buchen. Sie führt nicht nur durch die Skyboxen, sondern auch zu allen anderen Orten, die normalerweise nicht öffentlich zugänglich sind. So etwa in die Katakomben, in denen sich die Umkleideräume der Eishockeyteams befinden. Mit ein wenig Glück trifft man dabei sogar einen der Jokerit-Spieler.

Adresse Areenankuja 1, 00240 Helsinki-Pasila, Tel. +358/2041997, www.hartwallarena.fi | ÖPNV Bus 848, Haltestelle Jäähalli | Öffnungszeiten Mo – Fr 10 – 16 Uhr, Führung für 1 – 30 Personen (Dauer: 50 Minuten) 85 Euro | Tipp Zu Fuß gut erreichbar ist von hier aus auch das Olympiastadion mit dem Olympiaturm, der einen phantastischen Blick über die Stadt erlaubt.

40 Die Häschenbude

Helsinkis erster veganer Kiosk

Der Name »Jänö kioski« ist eine ironische Anspielung auf die Waren, die an dieser Imbissbude angeboten werden. »Jänö« bedeutet »Häschen«, und dies ist Helsinkis erster veganer Kiosk. Er wurde in nur acht Tagen mit Hilfe eines Crowdfunding-Modells gegründet. Statt Alkohol gibt es Früchte-Smoothies und Kaffee mit Sojamilch. Würstchen, Hotdogs und »pulled pork« gibt es dort auch, aber eben auf pflanzlicher Basis. Und das kommt an.

Der Kiosk steht gegenüber dem Nationalmuseum, direkt an der Hauptstraße. Strom kommt von den Solarzellen auf dem Dach. Ein paar Klappstühle. Mehr braucht der Finne nicht, um in Ruhe sein Mittagessen zu genießen.

Initiator ist Jaakko Blomberg, bekannter Stadtaktivist mit langen blonden Haaren. Ein Stadtrebell. Bekannt wie ein bunter Hund, denn er war es, der den »Restaurant Day« erfand, der mittlerweile einen Siegeszug um die ganze Welt angetreten hat. Dieses Event, bei dem jeder für einen Tag sein eigenes Restaurant eröffnen darf, findet mittlerweile viermal im Jahr statt. Jaakko lässt aber auch graue Hochhäuser bemalen oder organisiert Flohmärkte. Alles ohne Genehmigung. Er war der Initiator des Saunatags, an dem jeder seine eigene Sauna für fremde Gäste öffnen darf. Gemeinschaftsaktionen, die das Bewusstsein der Helsinkier stärken sollen. Nach dem Motto: Die Stadt gehört uns. Er will Helsinki einfach schöner machen. Und weil die Stadtverwaltung das auch kapiert hat, arbeitet sie mittlerweile mit ihm zusammen, statt ihm Bußgeldbescheide zu schicken.

Seit Sommer 2016 gibt es diesen veganen Kiosk. »Leider ohne Alkohollizenz«, sagt der Mittdreißiger Blomberg, weshalb bislang kein veganes Bier angeboten werden darf. Insgesamt 200 Menschen umfasst die Kooperative, die Jänö gemeinsam betreibt. Pita mit pulled oats, als Anspielung auf pulled pork, ist der Renner: eine finnische Fleischalternative aus Hafer-, Bohnen- und Erbsenproteinen.

Adresse Museokatu 12, 00100 Helsinki-Etu/Töölö, Tel. +358/505846800, www.janokioski.fi | ÖPNV Bus 37, Haltestelle Apollonkatu | Öffnungszeiten Mo–Fr 10.30–21 Uhr, Sa, So 10.30–17 Uhr | Tipp Gegenüber befindet sich das Finnische Nationalmuseum, unter anderem mit archäologischen Funden aus der Zeit der ersten Besiedlung Finnlands.

41 Der Häschen-Treffpunkt

Kaninchen fallen in die Stadt ein

Es hat sich wohl rumgesprochen unter den Tieren: In der Stadt lebt es sich sehr angenehm. Es gibt wenige Feinde, kaum Jäger, dafür ein abwechslungsreiches Angebot an Futter. Die Stadthasen von Helsinki haben das längst erkannt und sich gemütlich eingerichtet in der Metropole.

Eine wahre Plage scheinen dagegen ihre etwas kleineren Kollegen zu sein: verwilderte Kaninchen. Experten vermuten, dass Menschen irgendwann ihre langohrigen Haustiere ausgesetzt haben, die sich anschließend aufgrund des guten Nahrungsangebotes in der Stadt rasend schnell vermehrt haben. So leben diese wilden Kaninchen in den Parks, Gärten und Friedhöfen und ärgern nicht nur die Gärtner. Denn im Gegensatz zu Hasen essen sie fast alles. Besonders gern Veilchen und Chrysanthemen. Der Friedhofsgärtner von Hietaniemi beklagte schon vor zehn Jahren, dass Hunderte von Kaninchen die Schnittblumen auf den Gräbern wegfressen.

Die Beschwerden fruchteten. Die Stadtverwaltung von Helsinki beschloss ein Jagdprogramm, um der Kaninchen Herr zu werden. Die Hoppeltiger kamen kurzerhand auf die Speisekarte der Löwen, Geier und Vielfraße des städtischen Zoos auf der Insel Korkeasaari im Osten Helsinkis. Diese Methode hat gleich mehrere Vorteile: Die Jagd sorgt für die Aufrechterhaltung von Helsinkis zerbrechlichem Ökosystem, das von der städtischen Kaninchenpopulation bedroht ist. Das Hasen-Futter für die Zootiere ist weitaus günstiger als die bisherige Einfuhr von gefrorenen Kaninchen aus Ungarn. Und die Blumen in den städtischen Parks können aufatmen und wieder ungehindert wachsen.

Bis heute wurden aber längst nicht alle erwischt. Auf dem Rastila Campingplatz sieht man beide Varianten der Hoppelwesen gegen Abend immer wieder. Auf der Suche nach Futter. Und davon gibt es genug. Für alle. Einbrechende Dunkelheit muss man dabei im Sommer nicht fürchten, Sonnenuntergang ist ja erst gegen Mitternacht.

Adresse Karavaanikatu 4, 00980 Helsinki-Rastila, Tel. +358/931078517 | ÖPNV Metro M1, Haltestelle Rastila | Öffnungszeiten ganzjährig geöffnet, variierend zwischen 8 und 22 Uhr | Tipp Ganz in der Nähe befinden sich der öffentliche Strand Rastila sowie ein Naherholungsgebiet mit schönen Wanderwegen durch den Wald.

42 Das Herz am Meer

Spuren einer ungehörten Geschichte

Es dauert einen Moment, bis man es begreift. Nur zwei Worte. Auf Deutsch. Direkt am Meer, auf einem kleinen Vorsprung, steht da: »Mein Herz«.

Welche Geschichte wohl dahintersteckt? Wer hat das geschrieben und warum? Ein rätselhaftes Graffito. Jemand, der sich bei seinem ersten Besuch unsterblich in die finnische Hauptstadt verliebt hat und hier nicht nur seinen Koffer, sondern auch sein Herz gelassen hat? Oder vielleicht jemand, der sich im Urlaub in eine hübsche Finnin oder einen gut aussehenden Hauptstädter verguckt hat und nach einigen Spaziergängen am Meer, dem gemeinsamen Klettern über Felsen und dem Picknicken im Park sein Herz verlor?

Und während man sich weiter hineinträumt in eine vielleicht zutiefst dramatische deutsch-finnische Romanze, plätschern die Wellen leise ans Ufer und glitzern die Sonnenpunkte auf dem Wasser, als wäre es nie anders gewesen. Eine Frau läuft mit ihrem Hund vorbei, ein Mann ist an einen Felsen gelehnt in ein Buch vertieft, ein Jogger mit Stöpseln im Ohr überholt die Spaziergänger. Vermutlich macht sich keiner von ihnen Gedanken über dieses Herz und die Geschichte dahinter.

Vielleicht hat es ja auch jemand da hingemalt, der sich im späten Herbst, wenn die Tage kürzer und dunkler werden und die Sonne sich über Tage hinweg so gar nicht zeigen will, in einer depressiven Stimmung gegen die kühlen Nordwinde gestemmt hat, um sein Herz in einem Anfall von schwindendem Lebensmut endgültig im Meer zu versenken.

Möglicherweise hat aber auch jemand im Winter diese Stelle vom Schnee freigekratzt, um etwas zu hinterlassen, bevor er abreisen und die Stadt für immer verlassen musste. Wir werden es wohl nie erfahren. Es bleiben nur die Spuren einer ungehörten, unerwähnten, unerzählten Geschichte. Dafür bleibt genug Raum für Phantasie. Jeder kann sich seine eigene Geschichte aus- und weiterdenken. Mit oder ohne Happy End.

Adresse Merisatamanranta, 00140 Helsinki-Eira | **ÖPNV** Bus 24, Haltestelle Meritori | **Öffnungszeiten** ganzjährig, rund um die Uhr | **Tipp** In Sichtweite liegt der Kaivopuiston-Minigolfplatz.

43 Das historische Bad

Nacktbaden mitten in der Stadt

Nein, die Finnen sind keine Fans der Freikörperkultur. Selbst in der Sauna nicht. Aber seit bald 100 Jahren, seit 1928, gibt es ein besonderes Hallenbad in Helsinki, die Yrjönkadun uimahalli. Das ist also kein neuer Hype für Freunde der Stofflos-Kultur, sondern war noch nie anders. In altem Gemäuer mit herrlichen Fliesenornamenten. Man fühlt sich fast wie in »1001 Nacht«. Die palastartige Schwimmhalle auf zwei Etagen mit Galerien und verzierten Balkonen ist ein schönes Beispiel des Neoklassizismus der 1920er Jahre. Jahrzehntelang war es das einzige öffentliche Hallenbad der Hauptstadt. Atmosphäre und Einrichtung erinnern an ein klassisches Badehaus. Für ein paar Euro mehr gibt es Zugang zum Wellnessbereich im ersten Stock. Dort findet man private Kabinen, in denen Handtuch und Bademantel schon bereitliegen. Besonderheiten sind jedoch die Atmosphäre des altehrwürdigen Bades und das traditionelle Nacktschwimmen, auch wenn seit 2001 beim Schwimmen Badesachen zugelassen sind.

Nach dem ersten Sauna- und Schwimmgang dann an einem der kleinen Tischchen auf der Veranda sitzen und über die gesamte Halle mit ihren Bögen, Schnörkeln und Lämpchen blicken, die Details studieren, sich bei der Bedienung etwas zu trinken bestellen und auf Finnisch entschleunigen – das perfekte Programm für einen Schlechtwetter-Nachmittag.

Das Gebäude wurde von dem finnischen Architekten Väinö Vähäkallio im Stil römischer Thermen entworfen. Weil hier auf Gleichberechtigung geachtet wird, sind die Wochentage im Wechsel auf die Geschlechter verteilt. Und weil die Finninnen und Finnen ohne Sauna nicht baden gehen würden, gibt es selbstverständlich auch hier eine mit Holz beheizte Sauna sowie ein Dampfbad und weitere elektrisch beheizte Schwitzkammern.

Die Yrjönkadun uimahalli ist mittlerweile liebevoll restauriert worden und heute eines von 15 Schwimmbädern in Helsinki, aber sicher mit Abstand das schönste.

Adresse Yrjönkatu 21b, 00100 Helsinki-Kamppi, Tel. +358/931087401 | ÖPNV S-Bahn 3, 6, 9, Haltestelle Simonkatu | Öffnungszeiten Frauen: Mo 12–20 Uhr, Mi, Fr 6.30–20 Uhr, So 11–20 Uhr, Männer: Di, Do 6.30–20 Uhr, Sa 7–20 Uhr; Eintritt: Erwachsene 5,50 Euro, Kinder 2,50 Euro | Tipp Wer mehr auf Frischluftbaden steht, dem sei das Schwimmstadion des Olympiaparks empfohlen. Hier gibt es ganz olympisch 50 Meter lange Bahnen, und der Sommer endet immer mit einem Mondlicht-Schwimmen.

44_Das Holzhäuserviertel

Die Letzten ihrer Art

»Ja, die Häuser hier sind schön. Waren sie schon immer«, erzählt ein älterer Mann. Hier kommt man schnell ins Gespräch. Er wohne hier schon, seit er denken könne. Und findet, es sei eines der schönsten Viertel Helsinkis, weil es seine Ursprünglichkeit bewahrt habe. Die gelb und blau angestrichenen Häuser lauschen unserem Gespräch. Wie Zwillinge stehen oft zwei gleichartige Häuser Wand an Wand. Traditionelle Holzhäuser werden in Helsinki zwar immer seltener, das Viertel Puu Vallila ist jedoch eine sehenswerte Ausnahme. Hier gibt es noch ein ganzes zusammenhängendes Ensemble alter, mehrstöckiger Holzhäuser, das sich über mehrere Straßenzüge erstreckt. Ein Spaziergang durch das Viertel kommt fast einer Zeitreise gleich und bietet zahlreiche Fotomotive.

Wie viele Generationen von Menschen hier wohl schon gewohnt haben? Wie viele sich hier verliebt, geliebt, auseinandergeliebt, gestritten und versöhnt haben? Die Antworten haben die Wände, Decken und Dächer über Generationen hinweg gespeichert. Puu Vallila (puu bedeutet Holz oder Baum) wurde vor rund 100 Jahren für die Arbeiterschaft der aufkommenden Industrie gebaut.

Auch wenn die Holzhäuser in den vergangenen Jahren mit viel Liebe renoviert wurden und Mittelschichtfamilien hierhergezogen sind, ist es eines der wenigen Holzhaus-Milieus, die bis heute unverändert erhalten geblieben sind. Über bunt gestrichene Gartenzäune hinweg kann man den einen oder anderen Blick auf die hübsch dekorierten Veranden erhaschen, die in die lauschigen Gärten mit Flieder- und Apfelbäumen führen.

Ville Valo, Leadsänger der finnischen Metal-Band HIM, ist hier im Viertel geboren. Die Band, die auch in Deutschland ihre feste Fangemeinde hat, verkündete 2017 nach 20 Jahren Tourleben das Ende von HIM. Vielleicht kehrt Ville nun wieder nach Puu Vallila zurück. Dorthin, wo das Holz als lebendiger Werkstoff die Spuren der Geschichte atmet.

Adresse Inarinkuja, Inarintie, 00510 Helsinki-Vallila | **ÖPNV** S-Bahn 6, Haltestelle Hauhon puisto | **Tipp** Der lang gezogene Hauhonpark befindet sich ganz in der Nähe.

45 Das Hotel-Gefängnis

Wie lang ist dein Kuchen?

Wenn hier die Türen hinter einem ins Schloss fallen, ist das im ersten Moment schon ein seltsames Gefühl. Denn das Hotel Katajanokka war früher ein Gefängnis. Und noch immer gibt es lange Gänge und respekteinflößende, massive Gittertüren.

Das Restaurant heißt passenderweise Jailbird. Hier kann man noch originale Kritzeleien entdecken, die Insassen in ihrer Verzweiflung oder aus Langeweile in die blanken Wände geritzt haben. Die Zellen wurden allerdings nicht eins zu eins in Hotelzimmer umgewandelt. Das wäre dann wohl doch zu ungemütlich. Zwei oder drei Zellen wurden zu einem Hotelzimmer zusammengelegt, ganz modern mit Flachbildschirm an der Wand. Der einzige Raum, dessen Fenster noch Gitterstäbe haben, ist die ehemalige Zelle des berühmtesten Insassen dieses Knastes: des fünften Präsidenten Finnlands, Risto Ryti.

Das Hotel befindet sich auf einer kleinen Halbinsel in der Nähe einiger der wichtigsten Sehenswürdigkeiten, darunter die Uspenski-Kathedrale mit dem goldenen Kuppeldach. Das Gebäude wurde 1837 erbaut. 2002 wurde es aufgrund von Platzmangel und fehlenden Standards geschlossen. Nach gründlicher Renovierung hielt man zur Eröffnung des Hotels gleich fünf Geistliche für nötig, um neue Energie in das Gebäude zu bringen.

Heute erinnern nur noch Tutkinta (Verhörraum), Sakko (Ticketraum) und Kakku (Kuchenraum) an die frühere Nutzung. Bräutigame feiern hier gern den Beginn ihrer »Lebensstrafe«. Gestreifte Gefängniskleidung, Bleikugel am Fuß und »Schuldig«-Aufkleber komplettieren das nicht ernst gemeinte Szenario der lebenslänglichen Inhaftierung. Früher reichte es vermutlich, sich beim Stehlen auf dem Markt erwischen zu lassen, um hier eine Nacht zu verbringen. Heute muss man dafür einige Euro mitbringen. Aber die Frage ist immer noch dieselbe: »Wie lang ist dein Kuchen?« Das finnische Äquivalent für die Frage, wie viele Tage ein Gefangener absitzen muss.

Adresse Merikasarminkatu 1a, 00160 Helsinki-Katajanokka, Tel. +358/9686450, www.hotelkatajanokka.fi | ÖPNV S-Bahn 4, Haltestelle Vyökatu | Öffnungszeiten ganzjährig | Tipp Fußläufig erreichbar ist das Sky Wheel, das Riesenrad mit traumhaften Ausblicken über die ganze Stadt. Im Übrigen verfügt es auch über eine Saunagondel.

46 Das Iiris-Blindenzentrum

Die Göttin des Regenbogens

Die Iris macht uns unverwechselbar: Sie bestimmt unsere Augenfarbe und ist bei jedem Menschen so einzigartig wie der Fingerabdruck.

Die Iris ist der vorderste Teil der mittleren Augenhaut und wird auch Regenbogenhaut genannt. Sie umgibt die Pupille als farbiger Ring. Ihren Namen hat sie von einer Figur aus der griechischen Mythologie: Iris, Göttin des Regenbogens. Der Regenbogen galt als Verbindungsstück zwischen Himmel und Erde. So gesehen ist Iiris die Verbindung zwischen Sehenden und Nichtsehenden. Iiris ist das größte Blindenzentrum des Landes.

Das Iiris-Center wurde speziell für blinde, sehbehinderte und taubblinde Besucher konzipiert. Hier finden sich nun alle Dienstleistungen für Sehgeschädigte unter einem Dach. Angegliedert ist auch ein Trainings- und Kongresszentrum. Für Sehende ist das Zentrum dennoch ein lohnenswerter Besuch, der vieles erst bewusst macht, was gemeinhin selbstverständlich erscheint. Der Grundriss ist quadratisch, die Räume sind in rechten Winkeln angelegt. Zeichen und Schilder sind in großen Lettern und selbstverständlich auch in Blindenschrift angebracht. Viele taktile Zeichen führen den Besucher, mit Hilfe von Streifen und Erhebungen können die Wege regelrecht ertastet werden und erleichtern den Sehgeschädigten das Zurechtfinden. Großes Augenmerk wurde auch auf Hörsignale wie sprechende Aufzüge und eine gute Akustik in den Räumen gelegt.

In einer sehenswerten Ausstellung erfährt man viel über die Geschichte der Blinden, die Entwicklung der Blindenschrift und über weitere Hilfsmittel. In einem Geschenke- und Kunsthandwerksladen gleich links neben dem Eingang kann man Produkte erwerben, die die Blinden und Sehgeschädigten gefertigt haben. Von geflochtenen Körben über Seifen bis hin zu allerlei Accessoires, Weihnachtsdekorationen und Haushaltswaren. Besonders schön sind die vielen handgefertigten Gegenstände aus Holz.

Adresse Marjaniementie 74, 00930 Helsinki-Marjaniemi, Tel. +358/939604334, www.nkl.fi/iiris | ÖPNV Metro M 1, M 2, Haltestelle Itäkeskus | Öffnungszeiten Mo – Fr 8 – 18 Uhr | Tipp Gleich nebenan befindet sich Marjaniemis Garten, eine gemeinnützige und gemeinschaftlich bewirtschaftete Gartenanlage.

47_Das Inselchen Lonna

Die idyllische Mini-Insel

Lonna ist ein wahres Kleinod inmitten des Insel-Labyrinths vor Helsinkis Küste. Nur 150 Meter lang und erst seit wenigen Jahren für die Öffentlichkeit zugänglich. Auf der ehemaligen Militärinsel wurden früher Schiffe entmagnetisiert – überlebenswichtig, um unbemerkt von Seeminen durch die Weltmeere zu schippern. Die Insel gilt als kleine Schwester von Suomenlinna, einer der größten Seefestungen der Welt und UNESCO-Weltkulturerbe. Suomenlinna mit seinen Festungsmauern und -tunneln aus der Zeit der Vorherrschaft Schwedens und Russlands ist eine der meistbesuchten Sehenswürdigkeiten Finnlands.

Mit der Fähre vom Marktplatz aus erreicht man Lonna in nur sieben Minuten. Dort erwartet den Besucher ein kleines historisches Museum sowie ein Restaurant mit großzügiger Sommerterrasse, das ganz auf regionale finnische Küche setzt. Im Sommer verwandelt sich das Lokal am Wochenende in eine lebendige Party-Location, gefeiert wird unter dem Sternenzelt. Auf der Insel befindet sich außerdem eine Waffelbar, die die beliebten Leckereien in herzhafter oder süßer Form serviert. Die ehemalige Sauna der Soldaten mit Blick aufs Meer wurde 2017 renoviert und steht nun ebenfalls allen offen.

Auch wenn die Insel in einer guten halben Stunde zu umrunden ist, lohnt sich ihr Besuch. Allein schon wegen des grandiosen Ausblicks auf die Stadt. Erleben Sie die sorglose Stimmung auf der süßen Insel, finden Sie Ihr ganz persönliches ruhiges Plätzchen auf den Felsen und genießen Sie einen der schönsten Sonnenuntergänge der Stadt.

Empfehlenswert ist das Inselhopping. Mit einem einzigen Ticket erkundet man nacheinander Vallisaari, Suomenlinna und Lonna. Dabei kann man so lange auf den Inseln bleiben, wie es einem gefällt. Nur die letzte Fähre kurz nach Mitternacht sollte man nicht verpassen. Und auf dem Rückweg kann man den wohl schönsten Blick auf Helsinki vom Wasser aus genießen.

Adresse Insel Lonna, 00190 Helsinki-Lonna, www.lonna.fi | **ÖPNV** Fähre beinahe stündlich ab Marktplatz, genaue Abfahrtszeiten und Preise unter www.jt-line.fi | **Tipp** Die Insel Vallisaari war ebenfalls jahrhundertelang militärisches Sperrgebiet. Heute überzeugt sie als Naturparadies und Rückzugsgebiet für Tier- und Pflanzenarten.

48 Die Insel Vuosaari

Die Sumpfinsel mit Naturreservaten

Vuosaari ist ein relativ neuer Stadtteil Helsinkis. Circa 40.000 Menschen leben hier mittlerweile, und die Insel und das Festland sind über die Jahre zusammengewachsen.

»Der Stadtteil hat sich in den vergangenen 15 Jahren stark verändert«, erzählt Karri Korppi, der hier aufgewachsen ist. Früher gab es hier nur Landwirtschaft, große Höfe und grüne Wiesen und dazwischen viel sumpfartigen Wald. Daher auch der Name: Vuosaari bedeutet so viel wie »Sumpfinsel«. Wobei die Finnen etliche Wörter für Sumpf kennen. Heute entstehen hier komplett neue Wohnviertel. Die ganze Insel ist in ständiger Bewegung. Vor allem in Aurinkolahti setzt sich die Bautätigkeit unvermindert rege fort. Der 2006 fertiggestellte Cirrus-Turm ist mit einer Höhe von 92 Metern das höchste Wohnhaus in Finnland.

Teile der Insel sind jedoch auch weiterhin unberührte Naturreservate, in denen man wunderbare Spaziergänge mit herrlichen Aussichten und immer ganz nah am Wasser machen kann. »Jeder in Helsinki soll Zugang haben zum Wasser und zu einem Boot. Das ist ein Grundprinzip der Stadt Helsinki«, verrät Karri Korppi, der 2012 den »Happy Helsinki Guide« erfunden hat. Mittlerweile arbeiten neun Menschen unterschiedlicher Herkunft für ihn. So kann er Stadtführungen zu allen denkbaren Themenfeldern und in unterschiedlichen Sprachen anbieten.

Auf der Insel finden sich neben Badestränden auch Erholungsgebiete, in denen man wandern oder joggen kann. Viele der vorgelagerten Inseln sind ebenfalls Naturreservate. Nur wenige sind bewohnt. »Fischersleute sind das vor allem. Denn früher konnte man wie Robinson Crusoe einfach ein Haus auf eine unbewohnte Insel bauen, und dann gehörte sie einem.« Das geht inzwischen natürlich nicht mehr. Aber einige befinden sich genau aus diesem Grund immer noch in privater Hand. Ihre Besitzer sind wohl die Einzigen in der Hauptstadt, die mit dem Boot zum Supermarkt fahren.

Adresse Kuusiaita, 00980 Helsinki-Vuosaari | ÖPNV Metro M 1 Richtung Vuosaari, Haltestelle Rastila | Öffnungszeiten ganzjährig, rund um die Uhr | Tipp Vousaari beherbergt an der östlichen Küste den bedeutendsten Frachthafen Finnlands. Hier landet man auch, wenn man mit dem Schiff aus Deutschland nach Finnland kommt.

49 Die Itäkeskus-Schwimmhalle

Unterirdisches Höhlenschwimmen

Willkommen in der Unterwelt! Gemeinhin ist die Unterwelt ein Sammelbecken für tief liegende Ängste und düstere Phantasien, ein Tummelplatz finsterer Wesen und Inspiration für Horrorvisionen. Nicht so im Itäkeskus, im Ostzentrum Helsinkis. Hier ist es hell und warm, Kinderlachen erfüllt den Raum. Denn hier wird tief unter der Erde geschwommen und geplanscht, bis die Fingerkuppen schrumpelig werden. Als hätten die Finnen nicht genug Platz in ihrem Land, das fast so groß ist wie Deutschland, in dem aber nur 5,5 Millionen Menschen leben, errichten sie ein unterirdisches Hallenbad. Ein verglaster Eingang weist den Weg. Dann geht es steil bergab. Schlagartig wird es warm und schwül. Die Wände bestehen aus rauen weiß getünchten Granitfelsen, auf denen die ganze Stadt fußt. Als würde man in einer unterirdischen Höhle schwimmen. Auf 50-Meter-Bahnen kann man sich hier austoben. Ein idealer Wellness-Ausflug auch für Familien, wenn das Wetter mal nicht so mitspielt. Neben einem Kinderbecken stehen Wasserrutschen, ein Sprungturm, ein Jacuzzi und ein Fitnesscenter zur Verfügung. Bei einer angenehmen Wassertemperatur von 28 bis 30 Grad. Wer dann eine Pause braucht, kann sich im Café im oberen Stock stärken.

Das Hallenbad im Itäkeskus, das seit 1993 in Betrieb ist und gleich nach der Eröffnung den Stadtpreis für Architektur erhielt, bietet auf 11.000 Quadratmetern rund 1.000 Badegästen Platz. Das unterirdische Bad ist zugleich ein Zivilschutzbunker und kann im Notfall fast 4.000 Menschen aufnehmen. Durch die besondere Lage im Fels wird die Lufttemperatur konstant auf 28 bis 30 Grad gehalten und so eine Menge an Energie- und Wartungskosten eingespart. Wie jedes Hallenbad in Finnland verfügt auch dieses über Saunen, wobei üblicherweise nach Geschlechtern getrennt geschwitzt wird.

Adresse Olavinlinnantie 6, 00900 Helsinki-Itäkeskus, Tel. +358/931087202 | **ÖPNV** Metro M 1, M 2, Haltestelle Itäkeskus | **Öffnungszeiten** Mo–Mi, Fr 6.15–20.30 Uhr, Do 11–20.30 Uhr, Sa, So 8–20.30 Uhr; Eintritt: Erwachsene 5,50 Euro, Kinder 2,50 Euro | **Tipp** Im selben Viertel befindet sich mit dem Itis auch das größte Einkaufszentrum Skandinaviens (Itäkatu 1–7).

50 Der jüdische Friedhof

Ein Mahnmal für widersprüchliche Geschichte

Kleine Steinchen auf den Grabsteinen, in verschiedenen Größen und Farben, von überall her mitgebracht. Gedenken an die Toten auf jüdische Art. Der jüdische Friedhof in Helsinki wurde bereits 1895 gegründet, er ist deutlich erkennbar am Davidstern am Eingang des Friedhofs und an dem Hinweis, dass Männer den Friedhof nur mit Kopfbedeckung betreten sollten.

Die Geschichte des finnischen Judentums während der Schoa ist einzigartig. In der finnischen Armee, die mit Deutschland gegen Russland kämpfte, waren auch rund 300 jüdische Soldaten. 23 sind gefallen, acht davon in Karelien verschollen, alle anderen im Veteranengrab auf diesem Friedhof begraben. Historiker erklären den merkwürdigen Umstand, dass jüdische Soldaten Seite an Seite mit deutschen gekämpft haben, unter anderem damit, dass die finnische Regierung ihre jüdischen Bürger nicht nach Deutschland auslieferte und auch keine antisemitischen Gesetze verabschiedete. Im Gegenteil: Sie rettete sie. Feldmarschall Carl Gustaf Emil Mannerheim soll historischen Quellen zufolge gegenüber SS-Führer Heinrich Himmler klargestellt haben, in Finnland gebe es kein Judenproblem. Sie seien selbstverständlich finnische Staatsbürger, und solange sie dieselbe graue Uniform wie er selbst trügen, solle Himmler keinen einzigen Juden seines Landes anrühren.

Auch für die jüdischen Soldaten selbst muss es eine widersprüchliche Zeit gewesen sein. Anlässlich einer Feier am 6. Dezember 1944 in der Synagoge von Helsinki, also am Unabhängigkeitstag Finnlands, wurde Marschall Mannerheim für seine Entschlossenheit geehrt. Mannerheim soll darauf geantwortet haben: »Ich habe nicht mehr getan als jeder andere Mensch auch, der über einen echten Sinn für Gerechtigkeit verfügt.«

Dieser Friedhof, auf Finnisch *juutalainen hautausmaa*, erzählt jüdische Geschichte, die zugleich finnische Geschichte ist und ein bisschen auch deutsche Geschichte.

Adresse Tuonelankuja 5, 00100 Helsinki-Hietaniemi | **ÖPNV** Bus 24, Haltestelle Hietakannaksentie | **Öffnungszeiten** ganzjährig, Mai – Aug. 9 – 21 Uhr, Fr 9 – 18 Uhr; Sept. – April 9 – 16 Uhr, Fr 9 – 14 Uhr | **Tipp** Wer sich noch weiter in Geschichte vertiefen möchte, der findet gleich nebenan den islamischen und den orthodoxen Friedhof.

51 Das Jugendstil-Café

Die ehemalige Bank und die Jugend

Das Zentrum Helsinkis bildet ein einzigartiges neoklassizistisches Ganzes. Theodor Höijer, einer der großen Architekten der Neorenaissance Helsinkis, entwarf unter anderem Häuser an der Straße Pohjoisesplanadi sowie 1883 das Staatliche Kunstmuseum Ateneum. Besonderes Kennzeichen ist jedoch die Nationalromantik, eine finnische Spielart des Jugendstils. Sie findet sich im Nationalmuseum, aber auch im Café Jugend. Lars Sonck hat das Gebäude entworfen, und zwar ursprünglich als Bank.

Die damaligen Vorstellungen, wie ein Finanzunternehmen auszusehen habe, unterschieden sich durchaus stark von unseren heutigen: Rundbögen, Kapitelle, Wandmalereien – das Betreten des Café Jugend gleicht dem Eintreten in eine frühere Zeit. Wären da nicht die Kinderwagen, die Einkaufstüten auf den Stühlen und die Handys auf jedem Tisch, glaubte man sich um rund 100 Jahre zurückversetzt. Absolute Besonderheiten: die schrägen und zum Teil rund angelegten Wände sowie die großen Glas-Dachfenster, durch die das Licht in die Räume fällt und die für die besondere Stimmung sorgen. Die Kaffeespezialitäten, Kuchen und Mittagstisch-Angebote geraten angesichts des einzigartigen Art-nouveau-Interieurs schon fast in den Hintergrund.

Mittlerweile steht das Café unter der Leitung einer finnischen Kaffeehauskette namens Robert's Coffee. Robert Paulig, dessen Familie schon seit sechs Generationen im Kaffeegeschäft tätig ist, hatte die Idee und eröffnete 1992 den ersten Coffeeshop in Helsinki. Leitmotiv war dabei unter anderem, der amerikanischen, ähnlich klingenden Konkurrenz Paroli zu bieten. Unnötig zu sagen, dass er die Kunst des Kaffeeröstens im Blut hat.

Mittlerweile gibt es über 100 Robert's-Kaffeehäuser in Finnland, Schweden, Estland, der Türkei und Japan. Das Unternehmen ist weiterhin in Familienhand – mittlerweile führen Roberts Kinder Henrika and Carl-Gustav den Laden, zusammen mit über 400 Baristas.

Adresse Pohjoisesplanadi 19, 00100 Helsinki-Kaartinkaupunki, Tel. +358/503054754, www.robertscoffee.com | ÖPNV S-Bahn 4, Haltestelle Ritarihuone | Öffnungszeiten Mo–Do 9–19 Uhr, Fr 9–20 Uhr, Sa, So 11–20 Uhr | Tipp Die Pohjoisesplanadi ist der grüne Prachtboulevard der Stadt. Auf der Flaniermeile finden Sie viele historisch und architektonisch bedeutsame Gebäude wie den Präsidentenpalast, das Rathaus und das Schwedische Theater.

52 Die Kaffeerösterei

Ehemalige Fahrradwerkstatt mit laktosefreier Milch

Die Äthiopier mögen die Ersten gewesen sein, die Kaffee angebaut haben, doch die Finnen trinken den meisten Kaffee weltweit. Jeder Finne verbraucht im Schnitt 12,2 Kilogramm Rohkaffee pro Jahr. In Deutschland sind es 7,2 Kilogramm.

Im Stadtteil Sörnäinen riecht es sogar auf der Straße nach Kaffee, denn hier befindet sich mit Kahvi'paahtimo die größte Kaffeerösterei der Stadt. Um die Mittagszeit kommen grüppchenweise Menschen aus den umliegenden Büros hierher. Klar gebe es in ihrer Firmenkantine auch Kaffee, aber hier sei er besser. Denn die Hausmischungen werden frisch geröstet und gemahlen. Außerdem könne man ein paar Schritte laufen und ein bisschen frische Luft schnappen.

Auf eine Theke, hinter der die Bedienung auf Bestellungen wartet, wurde verzichtet. Auf einer langen Anrichte an der Wand finden Kaffeemaschinen, Tee und Kuchen Platz. Gast und Bedienung unterscheiden sich nur noch dadurch, dass die Edelstahl-Kaffeemaschinen nur vom Fachpersonal bedient werden können. Und das fragt erst einmal ausführlich nach den Vorlieben, bevor dann eine passende Kaffeenote empfohlen wird. Dazu gibt es selbst gemachten Kuchen, sogar glutenfrei. Und für laktoseintolerante Menschen gibt es selbstverständlich auch laktosefreie Milch. Da gilt dann wieder Selbstbedienung wie in fast allen finnischen Kaffeehäusern. Ein Mann mit Kopfhörer ist in seinen Laptop vertieft, auf der anderen Seite sitzt eine junge Frau mit langen Haaren und zeichnet Skizzen von den Gästen in ihr Notizbuch. Die Büromitarbeiter haben unterdessen ihre Tassen mit nach draußen genommen und stehen an einem der Tische.

Das Café war übrigens früher eine Fahrradwerkstatt. Das Flair ist dank der rohen Steinwände und der einfachen Einrichtung noch spürbar und verleiht diesem Ort seinen ganz eigenen Charme. Alte Werkzeugschränke und ein unter der Decke hängendes Fahrrad sind stumme Zeugen dieser Zeit.

Adresse Päijänteentie 29, 00510 Helsinki-Vallila, Tel. +358/406781307, www.helsinginkahvipaahtimo.fi | ÖPNV S-Bahn 7, Haltestelle Vallilan kirjasto | Öffnungszeiten Mo – Fr 7.30 – 18 Uhr, Sa 10 – 16 Uhr | Tipp Ganz in der Nähe ist die Stadtteil-Bibliothek Vallilan kirjasto, die nicht nur mit interessanter Architektur aufwarten kann, sondern auch mit wechselnden Ausstellungen und drei Werken von Jukka Mäkelä, einem der wichtigsten finnischen Vertreter moderner Kunst (Päijänteentie 5).

53 Das Kalasatama-Viertel

Innovative Ideen für eine Smart City

Im ehemaligen Fischereihafen Kalasatama entsteht ein ganz neues Stadtviertel. Bis zu 30.000 Menschen sollen hier bis 2035 ein neues Zuhause finden. Ein smartes Zuhause mit innovativer Architektur, mit neuen Wohnformen und neuester Technik, die das Wohnen in Gemeinschaft noch angenehmer machen sollen. Das Besondere: Die Menschen können mitreden und mitbestimmen, wie sie in Zukunft leben wollen. Rund 3.000 Personen leben hier bereits, darunter auch eine Senioren-Wohngemeinschaft. Kotisatama, also Heimathafen, heißt das Haus für Senioren. Es besteht aus 63 Wohnungen mit 85 Bewohnern. Jeder von ihnen hat sein eigenes Reich, dennoch kann man sich jederzeit im 500 Quadratmeter großen Gemeinschaftsbereich treffen. Niemand soll allein sein, wenn er nicht allein sein will. Hier finden sich eine Bibliothek, ein Fitnessraum, ein eigenes Kino, ein Hobbyraum und selbstverständlich eine Sauna. Gekocht, geputzt und eingekauft wird abwechselnd.

Statt eines Schwarzen Bretts gibt es einen Touchscreen im Flur neben den Aufzügen. Er zeigt Busfahrpläne und die Wettervorhersage. Hier kann man sich aber auch zum Tanzen oder zum Spazierengehen verabreden. Alles ist digital: das Müllsammelsystem, das den Müll über unterirdische Pipelines ansaugt und abtransportiert. Geräte, die den Strom- und Wasserverbrauch erfassen. Das soll den bewussteren Umgang mit Energie fördern. Sogar ein Buchungssystem für Gästezimmer ist integriert, wenn Kinder oder Enkel mal über Nacht bleiben wollen. Jeder der Senioren kann mit Handy oder iPad auf das System zugreifen, Ideen und Verbesserungsvorschläge anbringen.

600 Millionen Euro investiert die Stadt Helsinki. Hinzu kommen Milliarden von privaten Investoren. Noch ist das Kalasatama mit Baggern, Kränen und Sandbergen mehr Großbaustelle als smarter Wohnort. Aber ein spannender Ort für eine smartere Zukunft, in der niemand allein und einsam alt werden muss.

Adresse Parrulaituri 5, Helsinki-Kalasatama | ÖPNV Metro M 1, M 2, Haltestelle Kalasatama | Tipp Von Kalasatama hat man eine schöne Aussicht auf die Insel Mustikkamaa.

54 Der Kansalaistori

Tom of Finland – Ikone der Schwulen

Er inspirierte Künstler wie Andy Warhol, Madonna sowie die Village People und veränderte radikal das Selbstverständnis der homosexuellen Männer. Einer der bedeutendsten Kulturexporte Finnlands neben dem Bildungssystem, den Mumins und Sibelius: Tom of Finland.

Touku Laaksonen, so sein bürgerlicher Name, wurde mit seinen homoerotischen Zeichnungen weltbekannt. Im eigenen Land wurde er dagegen von der finnischen Mehrheitsgesellschaft eher angefeindet. Schwuler Sex stand in Finnland wie anderswo unter Strafe. Doch Laaksonen kämpfte für seine Art zu leben, für seine Liebe, für seine Kunst. So wurde er zur Ikone der Schwulenbewegung. Ganze Generationen sind mit seinen Zeichnungen aufgewachsen. Muskelbepackte, schnauzbärtige Männer mit freiem Oberkörper und Lederjacken. Heute sind seine Werke in namhaften Museen auf der ganzen Welt ausgestellt.

2017 wurde sein Leben sogar verfilmt. Tom ist auch einer der wenigen Künstler, die mit einer Briefmarke geehrt wurden. Sie war übrigens innerhalb kürzester Zeit ausverkauft.

Heute gilt Helsinki als tolerant und offen, die Stadt gehört zu den Top Ten der schwulenfreundlichsten Städte weltweit, die Homo-Ehe wurde 2017 gesetzlich erlaubt. Wie offen sich die Stadt gibt, beweist sie durch einen eigenen Stadtführer für Homosexuelle und themenspezifische Führungen. Der Happy Helsinki Guide folgt dabei den Spuren von Laaksonen, der den Großteil seines Lebens in Helsinki verbracht hat. Die Spurensuche führt auch zum Kansalaistori. Der Platz war ein beliebter geheimer Treffpunkt der damaligen Schwulenszene. Heute treffen sich auf dem großzügigen Platz mit den lang gezogenen und teils begrünten Stufen Menschen jeden Alters und jeglicher Herkunft. Sie sitzen in der Sonne, lesen, dösen, essen, reden, feiern. Ein Melting Pot der Kulturen. Idealer Platz für einen Zwischenhalt, um die neuen Eindrücke zu verdauen oder einfach nur zu schauen.

Adresse Kansalaistori, 00100 Helsinki-Kluuvi, Tel. +358/445020066 | **ÖPNV** Bus 63, Haltestelle Kansallismuseo | **Öffnungszeiten** Tom-of-Finland-Touren freitags um 17.30 Uhr, Dauer etwa 2,5 Stunden, 45 Euro pro Person, ab 18 Jahren | **Tipp** Der Kansalaistori wird umrahmt von architektonisch interessanten Gebäuden wie dem Sanomatalo, dem Musikhaus und dem Kunstmuseum Kiasma. Alle drei sind einen Besuch wert. Hier entsteht bis Ende 2018 auch das neue Leuchtturmprojekt der Stadt: die Zentral-Bibliothek.

55 Die Kapelle der Stille

Zufluchtsort inmitten der Stadt

Sie sieht nicht aus wie eine Kirche. Auch nicht wie eine Kapelle. Mehr wie ein gigantisches Ei aus Holz. Und obwohl sie »Kapelle der Stille« heißt, ist sie nicht für religiöse Zwecke oder Gottesdienste gedacht. Sie ist einfach ein Ort der Ruhe inmitten all der Tempel, die einem anderen Gott dienen. Dem Gott des Konsums. Am geschäftigen Narinkka-Platz mitten im Stadtzentrum gelegen, umgeben von Shoppingmalls und Vergnügungsorten und doch unendlich fern davon. Denn kaum betritt man dieses organisch geformte Gebäude, das wie aus dem Weltraum auf die Erde gefallen zu sein scheint, verstummt der Stadtlärm.

Drinnen öffnet sich ein einziger großer Raum, fast zehn Meter hoch, mit warmem Licht, das von oben an der gewölbten Holzwand herabgleitet. Der Grundriss ist eiförmig und zum Altar hin leicht verjüngt, im Dach bringt eine umlaufende Fuge die helle Decke fast zum Schweben. Ecken sucht man vergeblich, auch von innen ist das Ei rund. Ein innovatives Bauwerk, ein Beispiel für moderne Architektur komplett aus Holz. Für das einzigartige Design wurden die Architekten des Büros K2S Oy mit Mikko Summanen als Projektleiter mit dem Chicago Athenaeum International Architecture Award ausgezeichnet.

Holzbänke in Reihen, ein angedeuteter Altar, Kissen, die aussehen wie graue Steine aus dem nahen Meer, Kerzen. Durch die Form und das helle, gekrümmte Erlenholz erinnert der Raum irgendwie auch an eine überdimensionierte Gebärmutter, in der man geschützt und behütet ist.

Viele Menschen kommen hierher, um innezuhalten. Manche, um zu beten. Andere, um zu meditieren oder einfach ihre Gedanken zu sortieren. Egal, aus welchen Motiven die Menschen kommen, sie finden eine kostenlose kurze Auszeit vom Alltag, von der Hektik und vom Lärm. Einfach reingehen und Stille hören. Ein einmaliges Erlebnis. Und Gratis-WLAN bietet die Kapelle der Stille auch. Aber bitte still.

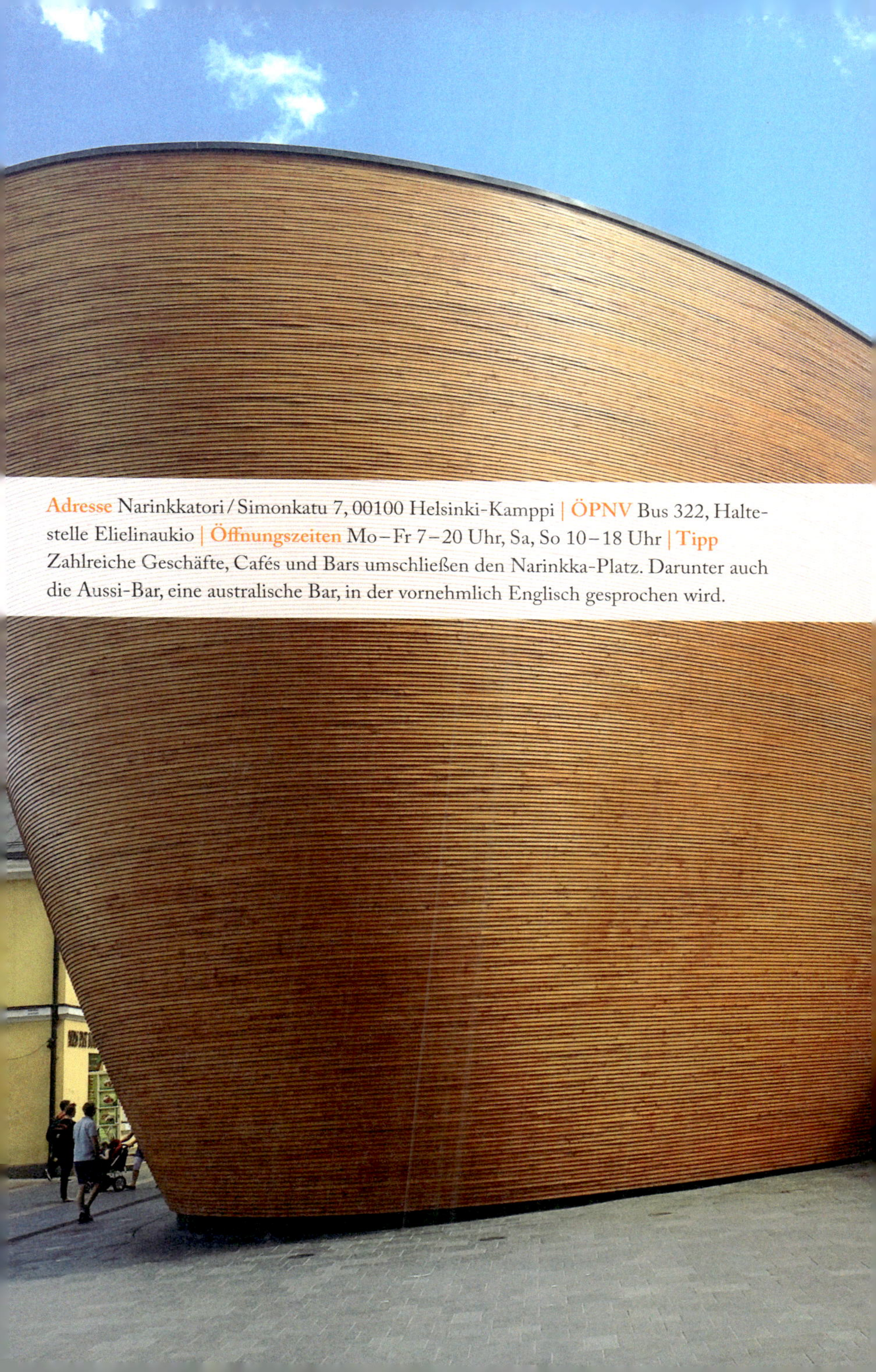

Adresse Narinkkatori / Simonkatu 7, 00100 Helsinki-Kamppi | **ÖPNV** Bus 322, Haltestelle Elielinaukio | **Öffnungszeiten** Mo–Fr 7–20 Uhr, Sa, So 10–18 Uhr | **Tipp** Zahlreiche Geschäfte, Cafés und Bars umschließen den Narinkka-Platz. Darunter auch die Aussi-Bar, eine australische Bar, in der vornehmlich Englisch gesprochen wird.

56 Das Kappeli

Eintauchen in längst vergangene, leuchtende Zeiten

Hier ist die Vergangenheit der Gegenwart ausgesetzt und umgekehrt. Alte Geschichten leben auf, und die Realitäten verschwimmen. Es ist ein zeitloser und ein zeitlos schöner Ort. Kein Wunder, dass Künstler zu allen Zeiten gern hier waren – sich vom Ort und seiner Atmosphäre inspirieren zu lassen fällt nicht schwer.

Das Kappeli liegt am Eingang des Esplanade-Parks. Ein Holzschlösschen von anno 1867. Der finnische Komponist Jean Sibelius trank hier gern seinen Rotwein. Vielleicht hat er hier auch so manche Note geschrieben. Jugendstil hat sich vermischt mit viel Metall und Glas, das Eingangsportal mit den Säulen, Kapitellen und dem großen Giebel erinnert an einen griechischen Tempel.

Irgendwie schafft es das Lokal, für jede Jahreszeit und jede Gelegenheit den richtigen Rahmen zu liefern. Im Sommer sitzt man auf der voll besetzten Holzterrasse unter Schirmen im Schatten, im Herbst an den beschlagenen Scheiben der vorwitzigen Erker, um den grauen Herbsttag draußen nur noch durch einen Schleier wahrzunehmen. Und im Winter spürt man die einladende Wärme und hält sich stundenlang am heißen Tee und an der kuscheligen Stimmung fest.

Über 150 Jahre existiert das traditionelle Kaffeehaus hier schon, und die lange Zeit hat unsichtbare Spuren im Geist des Ortes hinterlassen. Es ist, als atme man die Geschichte des Platzes, sobald man das elegante Restaurant betritt. Die Sonne scheint durchs Erkerfenster und spendet genügend Licht, um das Auge über das gediegene Lokal mit den Säulen und Kristallleuchtern schweifen zu lassen. Die großzügigen Glasfronten geben den Blick frei auf den angrenzenden Park mit seinen üppig blühenden blauen Ballonblumen.

Das Restaurant serviert gehobene traditionelle finnische Küche mit spanischen, französischen und italienischen Einflüssen. Es ist aber auch ein hervorragender Ort, um den Füßen nach einem Stadtbummel ein wenig Erholung zu gönnen.

Adresse Eteläesplanadi 1, 00130 Helsinki-Kaartinkaupunki, Tel. +358/107663880, www.kappeli.fi | ÖPNV S-Bahn 5, Haltestelle Senaatintori | Öffnungszeiten Mo – So 10 – 0 Uhr | Tipp Durch den alleeartigen Esplanade-Park flanierend, begegnet man den Statuen wichtiger Künstler und Schriftsteller, die Finnland geprägt haben.

57 Der Karaoke-Keller

Unterirdische Karaoke-Bar mit überirdischer Musik

Finnland ist nicht nur ein kleines, sondern auch ein vergleichsweise stilles EU-Mitglied. So erwartet man es von dem Land, das für seine schweigenden Bewohner berühmt ist. Was man allerdings nicht erwartet, sind lautstark und mit voller Inbrunst singende Finnen. Doch zwischen den stillen Zeitgenossen unter der Woche in der Metro und im Bus und den extrovertierten Sängern auf der Bühne der zahlreichen Karaoke-Bars muss etwas passiert sein. Eine Verwandlung à la: eben noch in der Küche, jetzt auf der Showbühne, wie es in der Rudi Carrell Show »Laß Dich überraschen« hieß.

Die Gründe dafür sind nicht restlos geklärt. Einer dürfte sein, dass sie einfach gern singen. Und so sitzen im Kaivopihan Karaokekellari, also im Hofgut-Karaoke-Keller, singwütige Menschen zwischen 20 und 70 und lauschen den meist bekannten Liedern, die von der Bühne geträllert bis geschmettert werden. Die roh belassenen Felswände sind zum Teil pop-art-ähnlich bemalt, und in der Ecke steht rot beleuchtet Marilyn Monroe als Pappfigur mit wehendem Rock.

Regelmäßig sind die Karaoke-Bars am Wochenende so voll und die Wartelisten so lang, dass man kaum eine Chance hat, selbst auf die Bühne zu gelangen. Also kann man sich entspannt zurücklehnen und die Künstler bewundern, wenn sie den Text von den Bildschirmen an den Wänden ablesen. Häufig finnische Schnulzen und Schlager, aber auch so mancher aktuelle Radiosong ist dabei. Die Qualität der Darbietungen variiert sehr stark. Applaus bekommen aber alle, schon allein für den Mut, vor Publikum zu singen. Für nicht ganz so Mutige gibt es noch einen Nebenraum, der durch weniger Zuschauer besticht.

Die Finnen sind so begeistert vom Karaoke-Singen, dass sie sogar schon Weltrekorde aufgestellt haben, wie 2008 in Kouvola, 135 Kilometer nordöstlich von Helsinki: 446 Stunden, vier Minuten und sechs Sekunden dauerte der Gesangs-Marathon – länger als 18 Tage.

Adresse Mannerheimintie 3, 00100 Helsinki-Kluuvi, Tel. +358/107664380 | ÖPNV S-Bahn 3, 6, Haltestelle Ylioppilastalo | Öffnungszeiten Mo–Do 20–4 Uhr, Fr–So 16–4 Uhr | Tipp Nebenan befindet sich das Zetor, eine urige Kneipe mit ländlicher Anmutung, mit Traktoren, Strohballen und tanzbarer Musik.

58_Das Katzencafé Helkatti

Kaffee mit Kuchen und Katze

Schaufensterdekoration? Überflüssig. Zwei Katzen liegen ausgestreckt im Schaufenster und schauen hinter der Glasscheibe sicher und gelassen dem Treiben auf der Straße zu. Im ersten und einzigen Katzencafé Finnlands bekommt man Kaffee mit Katze serviert. Ein zierlicher buntscheckiger Schmusekater begrüßt die neuen Besucher fröhlich, stromert um ihre Beine herum und kann es kaum erwarten, dass sie sich setzen, damit er den erstbesten Schoß für sich in Beschlag nehmen und sich ausgiebig streicheln lassen kann.

Katerfrühstück und Katzenjammer stehen hier nicht auf der Speisekarte, und auch heiße Miezen muss man vermutlich besser woanders suchen. Seine eigene Katze darf man nicht mitbringen. Hunde sind selbstredend auch nicht gestattet. Und Katzen, die keinen Bock haben auf Streicheleinheiten, können sich im Helkatti auch vornehm zurückziehen. So viel Freiheit muss sein.

Die Idee, Katzen öffentlich als Streichelobjekt verfügbar zu machen, stammt ursprünglich aus Japan. Da dort Haustiere in vielen Wohnungen verboten sind, entwickelten sich Lokale, die das Katzenstreichelbedürfnis stillen. In Europa ist der tierische Siegeszug der Streichelcafés bisher ausgeblieben. Weniger als eine Handvoll gibt es in Deutschland und Österreich.

Ansonsten machen die entspannt wirkenden Samtpfoten hier einfach ihren Job: schmusen, kuscheln, schnurren. Und das ist gut für den Menschen. Hat die Wissenschaft mit Zahlen und Daten doch bewiesen, dass Katzen den Stresslevel runterfahren. Katzenschnurren senkt den Blutdruck, das Gehirn schüttet gleichzeitig vermehrt das Glückshormon Serotonin aus. Ideal auch für Katzen- und Kaffeeliebhaber, die vor Sehnsucht nach ihrem geliebten Vierbeiner daheim schon fast vergehen. Und so lassen sich die Kaffeehaus-Katzen von zahllosen Händen streicheln und kraulen. Ziehen von einem zum nächsten Gast und machen einen sehr relaxten und zufriedenen Eindruck.

Adresse Fredrikinkatu 55, 00100 Helsinki-Kamppi, Tel. +358/504606096, www.helkatti.fi | **ÖPNV** S-Bahn 3, Haltestelle Fredrikinkatu | **Öffnungszeiten** Di–Fr 12–20 Uhr, Sa 10–18 Uhr; Eintritt 5 Euro, Anmeldung erbeten | **Tipp** Nebenan gibt es einen liebevoll dekorierten Teeladen mit Teesorten aus aller Welt.

59 Die Kaurismäki-Kneipe

Schweigen wie die Finnen

Es gibt doch nichts Anstrengenderes, als mit einem Dutzend extrovertierter und exaltierter Südländer zusammen am Tisch zu sitzen, von denen jeder um maximale Aufmerksamkeit kämpft. Dann doch lieber der nordische Gegenentwurf: schlecht beleuchtete Kneipe mit leicht marodem Charme und wortkargen Nordlichtern, von denen jeder für sich allein an der Theke sitzt und in seinen Bierschaum starrt. Schweigend, ein wenig traurig, vielleicht einsam. Kaurismäki-Stimmung. Die melancholischen Typen in den Aki-Kaurismäki-Filmen, die nur reden, wenn sie etwas zu sagen haben. Und die manchmal so schüchtern sind, dass sie sich lieber Zettel über den Tisch schieben würden, als den Mund aufzumachen. Die tiefe Gefühle haben, ganz sicher, aber sie niemals an die Oberfläche kommen lassen. Und wenn eines doch mal nach oben zu kommen droht, dann wird es ganz schnell mit einem Bier oder einem Wodka runtergespült.

Genau diese Stimmung findet man an guten Abenden in der Corona-Bar. Zu erläutern, wem sie gehört, erübrigt sich nach dieser Einleitung fast. Die Filmemacher-Brüder Kaurismäki besitzen nicht nur diese Kneipe, sondern auch die Bar Moskva ein paar Meter weiter. Ebenfalls ein legendärer Schuppen mit Gardinen vor den Fenstern und viel russischer Anmutung. Allerdings sind die Gäste keine Komparsen, die als finnische Variante der Stimmungs-Animateure engagiert wurden, sondern echte Kunden mit Bierdurst und wenig Bedarf an Konversation. Zumindest ziehen die meisten von ihnen jede Art von Kommunikation vor, die nicht verbaler Natur ist. Wenn man diesen Level mal erreicht hat, dann kann man mit Finnen herrlich gemeinsam schweigen. Wenn man es denn aushält!

Der Vollständigkeit halber sei noch erwähnt, dass sich hinter der ellenlangen Theke noch rund ein Dutzend Billardtische befinden. Und gelegentlich schneien auch die Kaurismäki-Brüder auf ein Bier herein. Heißt es.

Adresse Eerikinkatu 11, 00180 Helsinki-Kamppi, Tel. +358/201751610, www.andorra.fi/corona | ÖPNV Metro M1, Haltestelle Kamppi | Öffnungszeiten Mo–Do 11–2 Uhr, Fr, Sa 11–3 Uhr, So 12–2 Uhr | Tipp In derselben Straße kann man sich im »La Soupe« den Bauch mit unterschiedlichsten frisch gekochten und gesunden Suppen wärmen. Auch zum Mitnehmen.

60_Der Klettergarten Korkee

Abenteuer in den Wipfeln der finnischen Wälder

Wer das Glück hat, schwindelfrei zu sein, sich frei fühlen möchte wie ein Vogel und die Welt gern mal von oben betrachtet, der ist hier richtig: Der Abenteuerpark Korkee liegt gleich neben dem Zoo Korkeasaari und befindet sich auf der Insel Mustikkamaa. In den Sommermonaten ist der Park ein beliebtes Ausflugsziel für Groß und Klein.

13 verschiedene Parcours schlängeln sich im Hochseilgarten durch den dichten Wald, insgesamt 109 verschiedene Herausforderungen warten darauf, gemeistert zu werden. Nach einer ausführlichen Einweisung in die Sicherheitstechnik geht's los. Mit Schutzhelm und mit Gurten und Seilen gut gesichert, kann man hier seine Balance und Koordinationsfähigkeiten testen sowie seinen Vorrat an Mut herauskitzeln. Firmen nutzen den Kletterwald auch gern zur Teambildung. Der Hindernisparcours in luftiger Höhe schult bekanntlich das Vertrauen, das Selbstbewusstsein und die Kunst der Zusammenarbeit.

Mutige, die größer sind als 90 Zentimeter, dürfen sich auf drei niedrigeren Kletterparcours versuchen. Wer schon sieben Jahre alt und über 120 Zentimeter lang ist, kann bereits den Schwierigkeitsgrad erhöhen und sich in Begleitung von Mama oder Papa auf einen luftigen Pfad in drei bis zwölf Meter Höhe begeben. Und so wackeln und schaukeln die Abenteurer auf den Seilkonstruktionen, klettern über riesige Spinnennetze und sausen flugs von Baum zu Baum, hangeln sich von Wipfel zu Wipfel, untermalt von Gelächter und fröhlichem Rufen, das nur durch den Gesang der Vögel unterbrochen wird. Wobei manches Mal unklar bleibt, ob diese Ausrufe Ausdrücke der Freude, der Aufregung oder der Angst sind. Spaß, Adrenalin und Nervenkitzel sind auf alle Fälle garantiert.

Für alle, die lieber festen Boden unter den Füßen behalten, gibt es einen netten Kiosk mit Kaffee, Kuchen und Eis – natürlich auch als Belohnung für die Abenteurer nach erfolgreich bestandener Kletterübung.

Adresse Mustikkamaanpolku 8, Helsinki-Mustikkamaa, Tel. +358/409310230, www.korkee.fi | **ÖPNV** Bus 16, Haltestelle Mustikkamaanpolku; Schiff vom Hafen, Anlegestelle Korkeasaari | **Öffnungszeiten** variieren monatlich, im Sommer: Mo – Fr 10 – 18 Uhr, Sa, So 10 – 20 Uhr | **Tipp** Fußläufig erreichbar ist der Zoo mit 150 Tierarten aus aller Welt. Er ist an allen Tagen des Jahres mit Ausnahme von Heiligabend geöffnet.

61 Die Kulturfabrik Korjaamo

Der zweigleisige Hipster-Treffpunkt

Überdimensionierte Eingangstüren und ausrangierte Straßenbahnwaggons, die hübsch in einer Reihe aufgestellt sind und den Bar-Bereich von der Bühne abtrennen – das ist das Erste, was auffällt, wenn man das Korjaamo betritt. Korjaamo bedeutet »Reparaturwerkstatt«. Seit 1890 gibt es Straßenbahnen in Helsinki. Zunächst wurden sie von Pferden gezogen, ab 1900 waren die ersten dann elektrisch. Hier wurden früher die Straßenbahnen repariert und gewartet. Der Geruch von Öl und Schmiere ist dem von Bier und Gebratenem gewichen.

Heute versteht sich das Korjaamo als Kulturfabrik mit Restaurant, Biergarten, Sushi- und Wein-Bar, Kunstgalerie und Live-Bühne. Zugleich ist es auch ein wechselnder Design-Pop-up-Laden und das Straßenbahn-Museum.

Wenn hier zum Beispiel Lee »Scratch« Perry & Mad Professor spielen, zwei Legenden der Dub-Musik, dann ist der Laden gesteckt voll. Während die Außentemperatur nahe null Grad liegt, erhitzt sich der Konzertsaal schnell mal auf über 30 Grad. Bärtige Hipster grooven und hüpfen neben alt gewordenen Alt-68ern und kurzberockten jungen Frauen mit Rastalocken. Ein bunter Haufen, friedlich feiernd und die Musik zelebrierend. Korjaamo ist eines der größten Kulturzentren der nordischen Länder und hat sich rasch als Hipster-Treffpunkt etabliert. Vintage-Kleidung, Man-Buns, Bärte, auffällige Brillen – Hauptsache, möglichst weit weg vom Mainstream. Auch hier lautet die Devise: auffallen um jeden Preis. Kinovorführungen, Vorträge, Workshops, Kunstausstellungen und Theateraufführungen runden das Programm ab und machen das Korjaamo zu einem Anziehungspunkt für alle Kulturinteressierten. Im Sommer verwandelt sich der Innenhof in eine grüne Terrasse, und im August findet ein Festival des internationalen Theaters statt. Apropos Straßenbahn: Bis 2035 will Helsinki übrigens sein Straßenbahnnetz verdoppeln.

Adresse Töölönkatu 51a–b, 00250 Helsinki-Töölö, Tel. +358/400824229, www.korjaamo.fi | **ÖPNV** S-Bahn 3T, 4, 7,10, Haltestelle Töölön halli; Bus 332, Haltestelle Töölön Kisahalli | **Öffnungszeiten** Mo 11 – 20 Uhr, Di – Do 11 – 23 Uhr, Fr, Sa 11 – 1 Uhr, So 11 – 17 Uhr, Museum: Mo – So 11 – 17 Uhr | **Tipp** In der Nähe befindet sich das berühmte Sibelius-Monument der Bildhauerin Eila Hiltunen (Mechelininkatu 38).

62 Das Kulturzentrum Kaapelitehdas

Kunst und Menschen verkabeln

Heute erinnern nur noch die hohen Schornsteine an das alte Industrieviertel im Westen Helsinkis. Die alte Kabelfabrik, ein rotes Backsteingebäude, ist ein schönes Zeugnis der Industriearchitektur des 20. Jahrhunderts. Anfang der 1950er Jahre war die Fabrik das größte Gebäude Finnlands. Die Telegrafen-, Strom- und Telefonkabel, die Hunderte Arbeiter hier produzierten, tilgten sogar einen Teil der Kriegsschulden, die Finnland an Russland zahlen musste. Später kaufte sich Nokia hier ein.

Heute ist die ehemalige Kabelfabrik das größte Kultur- und Kunstzentrum Finnlands. Kaapelitehdas, das sind fünf Hektar Kultur. Es beherbergt drei Museen, elf Galerien, dazu Künstler-Ateliers, Tanzräume und Proberäume für Musiker. Einmaliges Flair herrscht in dem charmanten Industriekomplex, in dem sich Kreativität, Kunst und Kultur vermischen. 900 Menschen arbeiten hier jeden Tag. Und trotz der Dimensionen ist das kein Ort, über den ein Tourist einfach so stolpern würde. Architektur- und Design-Liebhaber kommen hier genauso auf ihre Kosten wie Kulturinteressierte und Freunde experimenteller Kunst. Sehenswert ist das Museum für Finnische Fotografie mit wechselnden Ausstellungen zeitgenössischer Künstler. Aber auch das Hotel- und Restaurant-Museum, in dem man hinter die Kulissen der Reisebranche schauen kann und durch die Geschichte des Reisens geführt wird. Für Kinder gibt es eine eigene Architekturschule, in der sie lernen, was Farben, Formen und Licht bewirken. Am bekanntesten aber ist das Tanzhaus, das finnische Tanzkultur über die Grenzen hinaus bekannt gemacht hat und mit dafür sorgt, dass jährlich Hunderttausende Besucher hierherkommen.

Früher wurden hier Kabel hergestellt, um Menschen zu verbinden. Heute verbinden hier Kunst und Kultur die Menschen.

Adresse Tallberginkatu 1, 00180 Helsinki-Ruoholahti, Tel. +358/947638300, www.kaapelitehdas.fi | **ÖPNV** S-Bahn 8, Metro M 2, Haltestelle Ruoholahti | **Öffnungszeiten** variieren je nach Museum, Ausstellung oder Veranstaltung | **Tipp** Im selben Komplex befindet sich auch das Theatermuseum, das 1962 gegründet wurde und sich als Spezialmuseum für darstellende Kunst versteht.

63 Die Kunstgalerie Rupla

Kunst auf vier Pfoten

Für wenige Tage war die Galerie medial weltweit Gesprächsthema. Denn sie zeigte – vermutlich das erste Mal auf der ganzen Welt – gemalte Bilder von einem echten Bären. Dem vermutlich einzigen Bären weltweit, der künstlerisch tätig ist. Selbst in Asien und Amerika wurde über die kleine Galerie im hohen Norden berichtet. Das dazugehörige Video auf Youtube wurde in wenigen Tagen über zwei Millionen Mal geklickt.

Dabei war es die allererste Ausstellung der Galerie Rupla, und das Team startete ohne jegliche Erfahrung. »Das war ein lustiger Weg«, sagt Geschäftsführer Matti Vihunen, »aber es war eine relaxte, coole Atmosphäre. Wir hatten Ähnliches in Brasilien und auch in Australien gesehen. Dort kombinieren sie viele Dinge, und wir dachten uns, so einen Platz gibt es nicht in Helsinki.« Also kombinierten sie Café, Galerie und Vintage-Laden unter einem Dach.

Die Werke von Juuso, dem Bären, waren innerhalb von sechs Tagen ausverkauft. Der Erlös wird für eine filmische Dokumentation über das Bärenzentrum in Kuusamo verwendet, wo Juuso seit vielen Jahren beim bekanntesten Bärenexperten Finnlands Sulo Karjalainen lebt. Juuso malt mit Farben aus echten Beeren wie Heidelbeere, Erdbeere und Preiselbeere sowie mit Finger- und Gesichtsfarben. Mit 423 Kilogramm ist Juuso übrigens nicht nur der einzige künstlerisch tätige Bär, sondern auch der mächtigste je gewogene Braunbär Finnlands.

»Wir würden das gern Juuso mitteilen und ihn bitten, noch mehr Bilder zu malen. Aber er schläft im Moment«, lacht Matti und verweist auf den langen Winterschlaf der Tiere. Seinen nächsten Clou verrät Matti nicht. Aber es lohnt sich sicher, vorbeizuschauen. Auch um einen Nachmittag einfach mal zu verbummeln, eignet sich das gemütliche Café. Und wer in Shoppinglaune ist, kann sich im Vintage-Laden umsehen, in dem sich von Filzpantoffeln bis zur Stehlampe fast alles findet.

Adresse Helsinginkatu 16, 00500 Helsinki-Kallio, Tel. +358/504684334, www.rupla.fi | **ÖPNV** Metro M1, Haltestelle Sörnäinen | **Öffnungszeiten** Mo – Fr 11 – 18 Uhr, Sa, So 11 – 17 Uhr | **Tipp** Im Café Rööperi vermischen sich Kaffeehaus und Möbelausstellung zu einer eigenwilligen Kombination (Iso Roobertinkatu 32).

64 Das letzte Klo vor der Ostsee

Ein stilles Örtchen, von Wasser umgeben

Da kann der Ausflug noch so spannend, das Wetter noch so phantastisch und der Tag noch so schön sein, irgendwann kommt das Unvermeidliche. Hier bietet sich ein einzigartiger Platz dafür. Man sitzt nämlich schon fast im Meer, wenn man das Unvermeidliche nicht mehr vermeiden kann und dieses WC aufsucht. Nicht einmal zwei Quadratmeter groß, gezimmert aus schmalen, weiß getünchten Holzlatten und ausgestattet mit mehr Fenstern, als man für diese Tätigkeit eigentlich bräuchte. Die nötige Privatheit, die man in diesen Minuten meist bevorzugt, stellt sich so kaum ein. Doch gerade die Fensterscheiben machen diese Örtlichkeit zu etwas ganz Besonderem, denn von diesem »Thron« blickt man direkt auf die Ostsee. Genauer gesagt befindet man sich mit ihr auf einer Höhe und hat beinahe einen 360-Grad-Rundblick. Selbst im Dach befindet sich noch ein Fenster, damit man den blauen Himmel nicht vermisst, wenn man sich hier zurückzieht. An diesem stillen Örtchen kann man den Gedanken und anderem freien Lauf lassen und hoffentlich erleichtert diesen kleinen, intimen Ort wieder verlassen.

Nirgends ist es idyllischer und romantischer, sein Geschäft zu verrichten. Toilettensprüche an den Wänden, Graffiti, Schmierereien – Fehlanzeige. Die Gäste wissen den besonderen Platz offenbar zu schätzen.

Dabei liegt das spartanisch eingerichtete WC ganz profan neben einer Tankstelle für Boote. In dieser Tankstelle finden sich in fröhlicher Eintracht neben Werkzeug auch Kaffee und Kuchen. Den man dann auf einer kleinen Holzterrasse, direkt am Wasser, genießen kann.

Nicht beeindrucken lassen darf man sich auf dem Weg dorthin. Das Areal wirkt wie eine maritime, nicht aufgeräumte Baustelle. Rohre, Bootsteile, Werkzeug und Container sind zu umrunden, bis man die außergewöhnliche »Geschäftsstelle« erreicht.

Adresse Vattuniemen puistotie, 00210 Helsinki-Lauttasaari | **ÖPNV** Bus 21V Lauttasaari, Haltestelle Nahkahousuntiett | **Tipp** Entlang des Segelhafens finden sich für Fotobegeisterte romantische und wildromantische Motive: vom maroden Holzboot auf dem Trockendeck bis hin zu Windjammern mit bunten Segeln im Sonnenuntergang vor der Küste.

65 Das Licht in Katajanokka

Ungewöhnliche Ausblicke zu ungewöhnlichen Stunden

Einer der schönsten Momente, immer wieder. Der Moment, wenn die Nacht das Zepter ans Morgengrauen übergibt. Wenn die Sonne sich noch mal kurz umdreht und der blauen Stunde das Feld überlässt. Farben transportieren immer Emotionen, gerade im Norden. Nehmen wir Blau. Blau ist eine sehr finnische Farbe. Das Blau des Himmels und des Wassers, wovon es ja auch in Helsinki genug gibt. Blau wiederum hat viel mit Weiß zu tun. Nicht ohne Grund sind das die Farben der finnischen Fahne. Blau für die Seen und Weiß für die Wolken am Himmel. Oder auch Weiß für den Schnee im Winter und Blau für den Himmel.

In Finnland beginnen die »blauen Stunden« des Tages im Winter bereits am Nachmittag, wenn die Sonne schwindet. Und am späten Morgen, wenn die Sonne ausgeschlafen hat, dann bleiben nur Himmel und Schnee, getrennt vom Horizont weit in der Ferne. Kennen Sie das?

Helsinkis blaue Stunden sind nicht die »blue hours«, die den Großstädten und Bars gehören. Hier kommt das Verhältnis zur Farbe Blau direkt aus der Natur. Von den schönsten Momenten des Tages. Die Jahreszeiten bestimmen die Gefühle, die die Finnen mit einzelnen Farben verbinden. Grün etwa, das ist der lichte Frühling – aber nicht nur: Es kann auch der kräftige Sommer sein. Und dann natürlich Gelb, die Farbe der Sonne. Im Norden hat das eine viel stärkere Bedeutung. Hier ist es monatelang sehr dunkel und dann wiederum monatelang ausschließlich hell, rund um die Uhr. Gelb ist für die Finnen eine sehr emotionale Farbe.

Wer die Farben der Natur entdecken möchte, der sollte morgens am Ufer des Viertels Katajanokka spazieren gehen. Hier kann man das besondere Licht des Nordens und die Farben einfangen: von fahlem Gelb über feuriges Rot bis hin zu allen Blautönen. Und das meist doppelt, denn sie spiegeln sich gern in der Ostsee – zusammen mit Tausenden von funkelnden Glitzerpunkten.

Adresse Katajanokanranta, 00160 Helsinki-Katajanokka | **ÖPNV** S-Bahn 4, Haltestelle Merisotilaantori | **Öffnungszeiten** ganzjährig | **Tipp** Am westlichen Ende der Insel Katajanokka befindet sich die größte russisch-orthodoxe Kirche Westeuropas, die Uspenski-Kathedrale, mit 13 Kuppeln und opulentem Innenraum.

66 Der Lintutorni-Turm

Wo die vogelverrückten Finnen ihrem Hobby frönen

Der Vogel-Aussichtsturm liegt mitten in einer Wohngegend. Man würde nicht vermuten, dass hinter den Mehrparteienhäusern ein Park und dann wilde Natur zu finden sind. Nur wenige Minuten zu Fuß von der Straße entfernt befindet man sich plötzlich mitten in der Wildnis, in einem mit Felsen durchsetzten Wald. Der Turm aus Holz auf einer Anhöhe bietet eine tolle Rundumsicht. Er ist ein beliebter Treffpunkt für Vogelbeobachter. Insbesondere im Frühling, wenn die arktischen Vögel aus ihrem Winterquartier zurückkommen.

Über 120 Vogelarten nisten in der Hauptstadt. Die große Zahl erklärt sich aus dem umfangreichen Spektrum an Lebensräumen, die Vögel hier noch in den Parks und auf den vorgelagerten Inseln vorfinden. 15 Arten gelten als bedroht und werden besonders überwacht. Darüber hinaus kann man Vögel sichten, die hier überwintern oder auf ihrer Reise Station machen.

Das erklärt aber noch nicht die rätselhafte Faszination, die die Finnen für diese Tiere hegen. Die große Zuneigung der Menschen zu den gefiederten Freunden muss mit der Freiheit und Unabhängigkeit der Piepmätze zusammenhängen. Ein weiterer Grund findet sich in der finnischen Mythologie: Demnach ist die Welt aus sieben Enteneiern entstanden. Aus den Eierschalen wurden die Himmelskuppen, aus dem Eigelb die Sonne und aus dem Eiweiß der silberne Mond. Aus weiteren klitzekleinen Stückchen der Eierschalen bildeten sich die Sterne. Nach altem Glauben brachten Vögel bei der Geburt eines Menschen die Seele und holten sie nach dem Tod auch wieder ab. Vor diesem Hintergrund wird klar, warum sich die Finnen den Vögeln auf fast schon poetische Weise verbunden fühlen.

Insgesamt verfügt die Stadt Helsinki über 477 Hektar ausgewiesener Schutzflächen für Vögel. Damit sind fast 70 Prozent der Naturschutzgebiete zum Schutz von Vögeln eingerichtet worden. Das ist nach Angaben des Naturzentrums Haltia weltweit einzigartig.

Adresse Puistokaari 5, 00200 Helsinki-Lauttasaari | ÖPNV Bus 20X Lauttasaari, Haltestelle Viklakuja | Öffnungszeiten ganzjährig, rund um die Uhr | Tipp Auf dem Weg zum Vogelturm steht ein originales Flak-Abwehrgeschütz auf einem Hügel. Ein Mahnmal in Erinnerung an den Zweiten Weltkrieg.

67_Die Löyly-Sauna

Ich schwitz dann mal!

Das finnische Wort »löyly« bedeutet »Dampf«. Der Dampf ist wichtig in einer finnischen Sauna. Er bestimmt darüber, ob die Hitze der Sauna einen wie ein Faustschlag ins Gesicht trifft und die Ohren zu glühen anfangen oder ob sie sich sanft wie eine Feder auf der Haut niederlässt. Zehn bis zwölf Kubikmeter Holz werden hier pro Woche für ein angenehmes Löyly-Gefühl verheizt. »Das Rezept sind die vielen Steine in der Sauna«, verrät Heizer Matti Markkanen. »Sie heizen sich so stark auf, dass es kein Feuer mehr braucht. Das sorgt für eine milde, angenehme Hitze.«

Das Löyly ist die jüngste öffentliche Sauna der Hauptstadt, rund zwei Kilometer vom Zentrum entfernt, im ehemaligen Industriegebiet Hernesaari, das sich jedoch zu einer der nobelsten Wohngegenden der Stadt entwickelt. Ein futuristisch anmutendes Holzgebäude mit vielen schrägen Fassaden und einer großen Aussichtsplattform auf dem Dach. Die Lamellenkonstruktion mit Nischen und Sichtschutzwänden vermittelt Intimität. Praktischerweise direkt an der Ostsee gelegen, sodass man nach dem Schwitzgang und der Dusche sogleich ins Meer springen kann.

Initiiert haben das Projekt der Schauspieler Jasper Pääkkönen und der Parlamentsabgeordnete Antero Vartia. Weil fast jeder Finne seine eigene Sauna im Haus hat, drohten die öffentlichen Saunen zu verschwinden und damit ein Teil des sozialen Lebens und der nationalen Identität. Die beiden setzten Löyly dagegen, das sich innerhalb kurzer Zeit zu einem wahren Magneten für Einheimische und Gäste entwickelt hat.

Drei verschieden beheizte Saunen, darunter eine Rauchsauna, stehen zur Auswahl. Im Schnitt kommen 200 bis 300 Schwitzwütige pro Tag, am Wochenende sind es auch schon mal 500. »Vom Baby bis zum Greis«, so Matti lachend. »Da gibt es etwa die alten Hardcore-Ladys, die selbst im Winter mit Socken, Handschuhen und Mütze im Meer schwimmen. Aber das soll ja gut sein für die Gelenke.«

Adresse Hernesaarenranta 4, 00150 Helsinki-Hernesaari, Tel. +358/961286550, www.loylyhelsinki.fi | ÖPNV Bus 14, Haltestelle Henry Fordin Katu | Öffnungszeiten Mo–Mi 16–22 Uhr, Do 13–22 Uhr, Fr, Sa 13–23 Uhr, So 13–21 Uhr, Do und Sa zusätzlich 7.30–9.30 Uhr | Tipp Unweit der Sauna befindet sich die Schiffswerft Arctech, die hochmoderne Eisbrecher baut, gut erkennbar an den hoch aufragenden Kränen.

68 Der Malmin-kartanonhuippu

Die höchste Erhebung Helsinkis

Malminkartanonhuippu – wer das fehlerfrei aussprechen kann, ist gerüstet für den Aufstieg zur höchsten Erhebung Helsinkis. Sie liegt im Nordwesten der Stadt, im Stadtteil Malminkartano. 426 Stufen sind zu überwinden. 91 Meter über dem Meeresspiegel befindet man sich dann. Der künstliche Hügel wird von Fitness-Enthusiasten auch gern für eine Trainingseinheit genutzt. Ohne vorherige Übungsstunden kommt man bei den in den Hügel hineingezimmerten Holztreppen ganz schön aus der Puste und ins Schwitzen. Aber die Strapazen lohnen sich. Denn ganz oben öffnet sich ein 360-Grad-Panorama über die Stadt.

Besonders empfehlenswert sind die Morgen- und Abendstunden, wenn sich der Himmel in allen Rotschattierungen einfärbt. Dann steht man häufig ganz allein auf diesem Hügel und kann die Aussicht auf die Stadt genießen. Und den endlosen Himmel. Oder nachts die vielen Lichter der Hauptstadt bewundern. Während die Fitnessfreunde sich weiter unermüdlich an den Treppen auf- und abarbeiten. Auf den Bänken, die im Kreis aufgestellt sind, lässt sich herrlich Picknick machen, während immer ein wenig Wind über den Hügel schleicht.

Spitznamen für die künstliche Erhebung sind im Volksmund Täyttömäki (»Füllhügel«), Jätemäki und Jättäri (beides Umschreibungen für »Reste«). Alle diese Slang-Begriffe hängen mit der Entstehung des Berges zusammen. Denn der Hügel war bis in die 1990er Jahre hinein die städtische Deponie. So gesehen besteht er in seinem Inneren eigentlich nur aus Bauabfällen wie Ziegelsteinen und Sand.

Was die Mountainbiker nicht weiter kümmert. Sie nutzen den Hügel im Sommer gern als Mini-Downhill-Strecke, denn es gibt eine Reihe kniffliger Wendungen und Sprünge. Im Winter eignet sich der Hang ausgezeichnet zum Rodeln. An manchen Stellen ist er allerdings sehr steil. Für Kinder gibt es aber auch einen harmloseren Hang.

Adresse Naapuripellontie, 00410 Helsinki-Malminkartano | ÖPNV Bus 37, Haltestelle Neulastie | Öffnungszeiten ganzjährig, rund um die Uhr | Tipp Die Konalan jäähalli, eine schon etwas in die Jahre gekommene Eishalle, befindet sich fußläufig in der Malminkartanonkuja 2.

69_Die Mannerheimintie

Die Hauptschlagader der Stadt

Hier kann man einkaufen, einkehren, bummeln, Kunst und Kultur genießen. Die Mannerheimintie ist die Hauptschlagader der Stadt. Eine vierspurige Avenue, S-Bahn-Schienen, Ampeln, Busse im Minutentakt und breit angelegte Gehwege. Auf diesem Boulevard fühlt man sich das erste Mal so richtig wie in einer Großstadt. Benannt nach dem großen Feldmarschall und Staatsmann Finnlands, Freiherr Carl Gustaf Emil Mannerheim (1867–1951). Als einer der wichtigen Persönlichkeiten der finnischen Geschichte ist ihm in seinem ehemaligen Wohnhaus in der Kalliolinnantie 14 ein Museum gewidmet.

Doch zurück zur Mannerheimintie: Hier findet man das Kaufhaus Stockmann, ein nordisches Einkaufszentrum, genauso wie Shoppingmalls, Galerien, Cafés und Restaurants. Aber noch wichtiger: Jede Menge berühmter Bauten stehen an oder gleich bei der Mannerheimintie: das finnische Parlament, das schwedische Theater, das Museum Kiasma, die Finlandia-Halle, das Nationalmuseum und das Opernhaus von Helsinki.

Auffallend und deshalb auch beliebter Treffpunkt ist das Denkmal »Die drei Schmiede« (*kolme seppää*), 1932 von Felix Nylund errichtet. Die Figuren stehen mit nacktem Oberkörper um einen Amboss herum. Bombensplitter aus dem Fortsetzungskrieg 1944 kann man heute noch an dem Denkmal erkennen.

Der Platz ist übrigens auch im Winter lange eisfrei, denn unterhalb der Aleksanterinkatu befindet sich ein Heizsystem, das die Straße auch bei Temperaturen unter null Grad lange eis- und schneefrei hält. Arto Paasilinna (geboren 1942), preisgekrönter finnischer Autor zahlreicher Bestseller und Meister des skurrilen Humors, behauptet ja, dass die drei Schmiede lebendig würden und den Sockel mit ihren Hämmern bearbeiteten, sobald eine junge Frau an ihnen vorübergehe, die älter als 17 Jahre und noch Jungfrau sei. Die Schmiede haben bis zum heutigen Tag noch kein einziges Mal ihre Hämmer auf dem Amboss erklingen lassen.

Adresse Mannerheimintie, 00250 Helsinki-Kluuvi | ÖPNV S-Bahn 3 oder 6, Haltestelle Ylioppilastalo | Tipp An der Mannerheimintie lohnt sich der Besuch des generalsanierten Lasipalatsi (Glaspalast). Er ist ein schönes Beispiel für den Funktionalismus der 1930er Jahre und neue Heimat des größten privaten Kunstmuseums Finnlands Amos Rex.

70_Das Marimekko-Outlet

Die Ikone der finnischen Modewelt

Das Allerheiligste der finnischen Modewelt liegt im Osten Helsinkis, im Stadtteil Herttoniemi: Marimekko. In einer lichten Fabrikhalle werden Stoffbahnen aufgezogen und mit den begehrten Mustern bedruckt. Hochwertige Stoffe, ausgefallene Mode und mutige Muster charakterisieren die Designermarke. Marimekko ist so finnisch wie Sauna oder *sisu*. Jacqueline Kennedy hatte die Marke durch Auftritte mit ihrem Ehemann John F. Kennedy weltweit bekannt gemacht. Heute hat wohl jede Finnin mindestens ein Kleidungsstück von Marimekko in ihrem Schrank. Oder Gardinen, Tischsets oder Topflappen. Selbst bei einem Flug mit Finnair bekommt man den Kaffee auf bunt gemusterten Marimekko-Servietten serviert. Marimekko ist somit ein Synonym für finnische Lebensart geworden, für Design im Alltag und die Liebe zur Kreativität.

Doch in den 1980er Jahren geriet die Firma in eine Schieflage, und die Finnin Kirsti Paakkanen, Besitzerin einer Werbeagentur, sollte die Retterin sein. Sie hatte sich mit der Agentur »womena« einen Namen gemacht, die übrigens aufgrund des Antidiskriminierungsgesetzes irgendwann auch Männer einstellen musste. Sie kaufte Marimekko und brachte die Firma mit einer grundlegenden Unternehmensreform erneut auf Erfolgskurs. Ihre Prinzipien beruhen vor allem auf flachen Hierarchien, Freiheit, Respekt und Vertrauen. Marimekko verwendet bis heute Farben und Muster, mit denen die Menschen Gefühle verbinden. Positive Gefühle, Freude, Licht. Und farbenprächtige Muster, die sich an die finnische Natur anlehnen, ja sogar aus ihr kommen.

Rund 3.000 verschiedene Muster befinden sich mittlerweile im Archiv. Und junge Designer kreieren immer wieder neue. In kleinen Gruppen ist es auch möglich, die Fabrik zu besichtigen. Dazu ist allerdings eine vorherige Anmeldung nötig. Gleich zwei Marimekko-Läden, neudeutsch »Flagship-Stores«, gibt es außerdem im Zentrum von Helsinki.

Adresse Kirvesmiehenkatu 7, 00880 Helsinki-Herttoniemi, Tel. +358/97587244, www.marimekko.com | **ÖPNV** Metro M 1, Haltestelle Herttoniemi | **Öffnungszeiten** Mo–Fr 10–18 Uhr, Sa 10–16 Uhr, Kontakt für Fabrikbesichtigung: tehtaanmyymala@marimekko.com | **Tipp** Am Ende der Straße befindet sich ein kleiner Skulpturenpark in einem Waldstück zwischen den Industriegebäuden.

71 Die Marktfrauen

Selbstgemachtes und Kurioses

Den Finnen wird ja nachgesagt, dass sie einen ganz eigenen Sinn für Humor hätten. Sie können lachend ernsthaft sein und umgekehrt. Ihr schräger Humor ist vielleicht am ehesten mit dem britischen oder dem jüdischen Humor vergleichbar. Er darf auf jeden Fall ruhig mal schwärzer ausfallen. So kann man bei einem Radiosender in Helsinki jeden Sommer darauf wetten, wie viele Menschen an Mittsommer ertrinken werden. Und es wird natürlich nicht der schönste oder lustigste finnische Song aller Zeiten gesucht, sondern der traurigste. Über die ihnen zugeschriebenen Eigenarten – schweigsam und depressiv zu sein – können sie selbst am besten lachen. Mit einer guten Portion Selbstironie. Und die darf ruhig mal bis ins Groteske überschwappen.

Finnland ist das Land der Melancholie, der düsteren Musik? Okay, machen wir ein Markenzeichen daraus. Entwickeln wir ein Emoji mit einem Headbanger. Unabhängig vom Wahrheitsgehalt.

Oder: Was ist der Unterschied zwischen einem introvertierten und einem extrovertierten Finnen? Der introvertierte schaut beim Sprechen auf seine eigenen Schuhe, der extrovertierte auf die seines Gegenübers. Finnen haben im Gegensatz zu den Deutschen überhaupt kein Problem damit, sich selbst zum Affen zu machen. Sei es beim Karaokesingen, beim Trockenschwimmen im Schnee oder mit roten Bommel-Zipfelmützen beim Weihnachtsbummel.

Auf dem zentralen Markt am Hafen stehen sich regelmäßig schon leicht ergraute Damen mit Häkelmütze oder mit Blume im Haar die Beine in den Bauch, um ihre selbst gemachten Kostbarkeiten an den Mann oder die Frau zu bringen: Topflappen in allen Farben, passend zur Kücheneinrichtung, leichte Häkelmützen für den Sommer und das gestrickte Pendant für den Winter, Puppenkleider und Schlüsselanhänger. Ideale Fundgrube für Souvenirs für die Lieben daheim. Und für einen Schwatz sind die Damen auch immer zu haben. Mit Lachergarantie!

Adresse Eteläranta, 00170 Helsinki-Kaartinkaupunki, Tel. +358/931023565 | ÖPNV S-Bahn 2, Haltestelle Kauppatori | Öffnungszeiten Mo – Fr 6.30 – 18 Uhr, Sa 6.30 – 16 Uhr, So 10 – 17 Uhr | Tipp Von hier kann man die Wassertaxis zu den vorgelagerten Inseln nutzen, etwa zur Festungsinsel Suomenlinna.

72 Der Meerpark Meripuisto

Meer mal mit, mal ohne Wasser

Der in Helsinki lebende Künstler Jani Leinonen bezeichnet die Stadt mit ihren Inseln, Brücken und Kanälen als das nördlichste Venedig der Welt. »Und wenn das Meer im Winter zufriert, dann kannst du darauf laufen«, fügt er hinzu.

Im Winter gehören schneebedeckte Gehwege und Straßen zum normalen Stadtbild. Für Reisende nicht immer angenehm, denn einen Rollkoffer durch zehn Zentimeter hohen Schnee zu ziehen ist eine ziemlich anstrengende Angelegenheit. Der Verkehr läuft ganz normal weiter. Okay, da gibt es diese drei bis vier Meter hohen Schneeberge, die Kinder zum Rodeln und Touristen für einzigartige Selfies nutzen. Manchmal sieht man voll beladene Lkws, die den Schnee aus der Stadt bringen. Falls noch mehr kommt. Helsinki ist vermutlich eine der wenigen Hauptstädte, in denen man Menschen auf Skiern begegnet, die die Gehwege kurzerhand zur Loipe umfunktionieren.

Die Ostsee zieht sich dann zurück, deckt sich mit einer dicken Eis- und Schneeschicht zu. Den Bootshafen erobern jetzt Spaziergänger, sie schlendern um Bojen herum und lassen die Stege einfach aus. Ein seltsamer Anblick. Wie Linien und Bögen auf einer weißen Landkarte sieht das zugefrorene Meer dann aus. Oder wie ein großer Schnittmusterbogen. Frei treibende Eisschollen, die sich noch nicht ergeben wollen. Jede anders in Farbe und Form, glitzern und blinzeln sie in der tief stehenden Sonne, als wollten sie einem zuzwinkern.

Im Winter, aber noch viel mehr im Sommer ist Meripuisto ein beliebter Platz zum Picknicken und Baden. Oder einfach, um den Tag, der dank Mitternachtssonne nicht enden will, in der Natur zu verbringen. Dann im Grünen oder auf den Felsen am Wasser sitzen und gemeinsam eine gute Zeit haben. Den Möwen und Skatern zusehen oder einfach in der Sonne dösen. Oder einen Abstecher auf die kleine, malerische Insel Uunisaari machen, die über eine Fußgängerbrücke zu erreichen ist.

Adresse Meripuisto, 00140 Helsinki-Eira | ÖPNV Bus 24, Haltestelle Meritori | Öffnungszeiten ganzjährig, rund um die Uhr | Tipp Auf der Insel Uunisaari, die man zu Fuß umrunden kann, befinden sich auch das Restaurant Uunisaari und ein öffentlicher Strand.

73 Das mobile Kaffeehäuschen

Von Mauretanien in den hohen Norden

Sebastian aus Mauretanien liebt Kaffee. Und Helsinki. Was er noch mehr liebt, lässt er lachend offen. In seinem roten Wägelchen fährt er durch die Stadt und bietet seine Kaffeeköstlichkeiten an. Dazu gibt es meist auch frisch gebackene Kuchen oder Hefeteigstückchen, die perfekt mit dem Kaffee harmonieren.

Häufig findet man ihn in der Nähe der alten Arabia-Fabrik, aus der inzwischen der Bezirk für Kunst und Design geworden ist. Bei schönem Wetter stellt er kleine Tische mit Stühlen dazu, an denen man gemütlich seinen Kaffee genießen kann. Und dem Treiben zuschauen, wie die Menschen aus Bus und S-Bahn steigen: Frauen mit Kinderwagen, Studenten auf dem Weg zur Uni, Geschäftsleute mit Stöpseln im Ohr. Jugendliche, die ihre Umwelt nicht wahrnehmen, weil sie intensiv mit ihrem Handy beschäftigt sind.

Viele seiner Kunden sind Stammkunden. Bleiben am kleinen Wägelchen stehen, in dem Sebastian gut gelaunt werkelt, trinken ihren Kaffee und halten einen kurzen Plausch miteinander. Sebastian hat sich während seines Studiums in Frankreich in eine Finnin verliebt. Und es dauert nicht lange, und er gerät ins Schwärmen, während er einen frischen Kaffee aufbrüht: »Hier funktioniert einfach alles. Das kenne ich aus anderen Ländern anders. Und meine Frau und meine Kinder sind sicher. Sie können ohne Angst zu jeder Tages- und Nachtzeit unterwegs sein. Ich muss mir keine Sorgen machen. Natürlich muss man sehr viel Steuern zahlen, aber man bekommt auch eine Menge zurück.« Gut organisierte Kindergärten und Schulen zum Beispiel, die Möglichkeit, viel Zeit mit den eigenen Kindern zu verbringen, und großartige Perspektiven für die Kinder. All das zusammen sei unbezahlbar. Und dann noch die reine Luft, das klare Wasser und die Natur direkt vor der Haustür. Auch wenn das Wetter vielleicht anderswo angenehmer sei, er könne sich nicht mehr vorstellen, woanders zu leben.

Adresse Hämeentie, 00560 Helsinki-Toukola | **ÖPNV** Bus 71, Haltestelle Arabia | **Öffnungszeiten** Mo–Sa 10–20 Uhr | **Tipp** In derselben Straße (Hämeentie 110) befindet sich ein Skatepark, in dem im Sommer immer was los ist.

74 Das Mumin-Café

Treffen mit den Trollfiguren

Die Mumins sind auf der ganzen Welt bekannt. Nilpferdartige, pummelige Figuren mit knubbeligen Nasen von Tove Jansson, Finnlandschwedin mit vielen Talenten: Schriftstellerin, Comic-Autorin und begnadete Malerin.

Viele asiatische Touristen sind ganz vernarrt in die freundlichen und harmlosen Anarcho-Trolle, die als Inbegriff der heilen Familie gelten. Doch das ist nur die halbe Wahrheit. Schon das erste von insgesamt neun Büchern erzählt von getrennten Familien, die sich wiederfinden in einem Tal, das später das Mumintal sein wird. Die Parallelen zur Weltgeschichte sind unverkennbar. Das Leid von Frauen und Kindern im Krieg, die kaum mehr an eine Heimkehr von verschollenen Vätern glauben. Und das überschäumende Glück des Wiedersehens, wenn es entgegen aller Wahrscheinlichkeiten dann doch passiert. All das findet sich in den Büchern Tove Janssons. Ganz nebenbei werden hier zentrale Fragen des Zusammenlebens verhandelt. Die Leser erfahren eine Menge über Rituale, Rollen, aber auch über Gewaltlosigkeit und Freiheit und welchen Preis das jeweils hat. Das macht vermutlich auch den jahrzehntelangen Erfolg dieses Weltbestsellers aus. Jansson steht für Gleichheit, Freiheit und Gewaltlosigkeit. Mumins auf Tassen, Bekleidung und Lebensmitteln sind Exportschlager und beliebte Souvenirs. Und wer den Mumins ganz nah sein will, der geht ins Mumin-Café. Das zweite dieser Art in Helsinki hat 2017 eröffnet.

Die Idee dahinter: Familien mit Kindern einen guten Ort in der Nähe ihres Wohnortes bieten, wo man sich treffen kann, Kaffee trinken, spielen. Ein neuartiges Café-Konzept, das Kinder von Anfang an mit einbezieht. Kinder werden übrigens zuerst bedient. Die Atmosphäre gleicht einem heimeligen Wohnzimmer mit viel Gemütlichkeit und Kinderlachen. Mumin-Way-of-Life eben. Dazu ein Mumin-Blaubeerkuchen und ein Mumin-Kakao aus der Mumin-Tasse, und der Nachmittag ist perfekt.

Adresse Mechelininkatu 3, 00100 Helsinki-Töölö, Tel. +358/503290199, www.muminkaffe.com | **ÖPNV** Bus 24, Haltestelle Leppäsuonkatu | **Öffnungszeiten** täglich 10–17 Uhr | **Tipp** Die Galerie Lapinlahden in der Lapinlahdentie 1 zeigt wechselnde Ausstellungen, häufig zeitgenössische finnische Künstler.

75 Das Münchner Bierhaus

Bayerisches Bier und finnische Trinkgewohnheiten

Finnisch ist nicht gerade die leichteste Sprache für Mitteleuropäer. So viele Äs und Ös und Ypsilons in einem Wort, da kommt man sich beim Vorlesen manchmal wie ein Erstklässler vor, der gerade erst die Welt der Buchstaben entdeckt. Macht man zwischen all den Wortmonstern, die einem so unentschlüsselbar erscheinen, deutsche Wortbrocken aus, ist man fast schon überrascht. So auch beim Bierhaus München – das erwartet man nun nicht unbedingt im Zentrum Helsinkis. Gerade in der gepflegten Hopfenkultur übernehmen die Finnen anscheinend gern deutsche Begriffe.

Das Bier-Bier in der Erottajankatu 13 ist dafür ein Beispiel. Das Menü, das dort serviert wird, umfasst 150 verschiedene Craft-Biere, Cidre und Weine. Und es heißt, dass es dem Barmann gelinge, selbst diejenigen umzustimmen, die Bier nicht mögen. Das ist auch erklärtes Ziel des Bierhauses München.

Dutzende verschiedene Biersorten, darunter viele vom Fass, warten im Bierhaus München darauf, von einem passenden Gaumen hinuntergespült zu werden. Der kleine Biergarten vor dem Lokal ist jedoch ganz unbayerisch – ohne Bierbänke und kühlenden Schatten von einem Kastanienbaum, dafür mit modernen Korbsesseln und Sofas zum gemütlichen Chillen. Im Herbst wird hier ganz zünftig das Oktoberfest begangen, und wenn es dazu Tapas statt Weißwürste und Brezeln gibt, dann ist das für den Finnen kein Widerspruch. Dem wird ja ohnehin nachgesagt, dass er ein Problem mit Alkohol habe. Dabei folgt er nur dem finnischen Sprichwort: Ein halber Rausch ist rausgeworfenes Geld. Und tatsächlich entsagen viele Finnen unter der Woche dem Alkohol und trinken stattdessen Milch zum Essen. Statistisch gesehen trinkt der Finne weniger Alkohol als der Deutsche, nur eben anders verteilt.

Apropos Geld: Die Biere sind hier ein wenig teurer. Deutsche Biere kosten als Halbliter-Ausgabe rund acht Euro. Bier heißt übrigens auf Finnisch *olut*.

Adresse Töölönlahdenkatu 3, 00101 Helsinki-Kluuvi, Tel. +358/451381635, www.bierhaus.fi | ÖPNV S-Bahn 3, Haltestelle Rautatieasema | Öffnungszeiten täglich 13–1 Uhr | Tipp Unweit vom Bierhaus finden Sie das sehenswerte Musikhaus Helsinkis samt seinem Park, der gerade im Sommer gern von jungen Menschen bevölkert wird.

76_My Helsinki

Motiv für Postkartengrüße

Mein Helsinki, das sind die sonnenbeschienenen Treppen vor dem imposanten Dom. Mein Helsinki, das ist der siebte Kaffee mit Pulla an diesem Tag in einem der zahlreichen Straßencafés. Mein Helsinki, das sind die kreischenden Möwen und tutenden Ausflugsschiffe am Hafen. Mein Helsinki, das sind die einladenden Parks und die stillen Wälder. Mein Helsinki, das sind die hellen Sommernächte und das fahle Abendlicht im Winter, das sich auf den im Meer treibenden Eisschollen bricht. Helsinki, das sind die knarzenden Straßenbahnen und die Straßenkünstler auf der Esplanade. Helsinki, das sind die prallen Markthallen und die quirligen Szene-Gassen, die ausgeflippten Läden und die schrägen Kneipen. Helsinki ist die salzige Luft des Meeres und der Geruch von Tausenden von Fliederblüten. Wo Design, Innovation und Veränderung in der Luft schwirren – eine entspannte Stadt in ständiger Bewegung, die einen freundlich willkommen heißt.

Eine Stadt, die sich am Helsinki-Tag im Juni einen Tag lang selbst feiert. Mit endlos langen gedeckten Tafeln auf der Esplanade. Eine Stadt, die in der Adventszeit in einem vorweihnachtlichen Lichtermeer erstrahlt. Eine Metropole mit guter Luftqualität, weil das Meer immer wieder eine frische Brise durch die Gassen schickt. Eine Hauptstadt, die erst durch ihre Menschen und deren aktive Beteiligung am Stadtleben zu dem wird, was sie ist. Der originelle »My Helsinki«-Schriftzug steht in Zusammenhang mit einer international ausgezeichneten Tourismus-Strategie der Stadt, die auf authentischen Empfehlungen der Einheimischen beruht.

Wer vom Helsinki-Virus erfasst wurde, der sollte unbedingt das »My Helsinki«-Denkmal aufsuchen und das ultimative Erinnerungsfoto machen. Nach dem Motto: »I was here.«

Da der Standort immer mal wieder wechselt, ist das zugleich eine gute Gelegenheit, die Metropole kennenzulernen. Den aktuellen Ort verrät die Tourist-Information.

Adresse Kaivokatu 1 (Tourist-Info im Hauptbahnhof), 00100 Helsinki-Kaartinkaupunki | **ÖPNV** S-Bahn 4, Haltestelle Senaatintori | **Öffnungszeiten** Mo–Sa 9–18 Uhr, So 9–16 Uhr | **Tipp** Der neoklassizistische Präsidentenpalast aus dem Jahr 1820 (Pohjoisesplanadi 1) war Residenz von Zar Alexander II. und wird heute für Staatsempfänge genutzt. Täglich findet eine Wachablösung vor dem imposanten Gebäude statt.

77_Das Natura Viva

Paddelnd übers Meer in die Schärenwelt

Wenn man gemütlich an den Küsten entlangpaddelt, nur noch das Eintauchen der eigenen Paddel ins Wasser hört und ab und zu eine Möwe, dann kommt man rasend schnell in einen unglaublichen Erholungsmodus. Helsinki ist ein großartiger Platz für Kajakfahrer. Manche sagen sogar, die Stadt sei eine der besten Kajak-Destinationen der Welt. Denn die Schärenwelt im Golf von Finnland ist einzigartig und eine großartige Umgebung für Naturerlebnisse. Teile der Inseln sind Naherholungsgebiete, in denen man Rast machen kann oder sogar übernachten darf.

Kajaking ist eine tolle Art, die Natur zu entdecken. Man sitzt nah am Wasser und ist langsam genug unterwegs, um seine Umgebung ausführlich erkunden zu können. Das Familienunternehmen Natura Viva, rund 15 Kilometer vom Stadtzentrum entfernt, ist der größte Anbieter von Kajaktouren in der Region. Von zweistündigen Schnuppertouren bis hin zu mehrtägigen Exkursionen bietet es eine ganze Palette an Ausflugsmöglichkeiten an. Rettungswesten und andere wichtige Utensilien werden gestellt. Und da Natura Viva nicht so einfach zu finden ist, werden die Gäste im Zentrum mit einem kleinen Bus abgeholt. Bevor es dann so richtig losgeht, kann man sich im Café Natura Viva noch stärken oder selbst gemachte Trolle aus Stein erwerben. Für Anfänger gibt es extra stabile Kajaks, mit denen man kaum ins Wasser fallen kann. Wer schon Erfahrung hat, kann auch auf eigene Faust lospaddeln. Die jeweiligen Guides zeigen, wie man am einfachsten vorwärtskommt, und können darüber hinaus eine Menge über die Schärenwelt erzählen.

Hunderte Inseln vor Helsinkis Küste warten nur darauf, erkundet oder umrundet zu werden. Darunter auch zwölf Erholungsinseln, die sich im Besitz der Stadt befinden. Dort wild campen, auf den Felsen sitzen, die Stille und das Meer genießen, ein kleines Feuer machen, Sonne und Wellen beobachten – eine einzigartige Erfahrung.

Adresse Harbonkatu, 00980 Helsinki-Vuosaari, Tel. +358/102924030, www.naturaviva.fi | ÖPNV Bus 560, Haltestelle Harbonkatu | Öffnungszeiten Juni–Aug. täglich 10–22 Uhr, Mai, Sept. Mo–Fr 14–20 Uhr, Sa, So 10–20 Uhr | Tipp Im angrenzenden Waldstück befindet sich die sehenswerte Holzvilla Achille, die auch für größere Feste gemietet werden kann.

78_Das Naturzentrum Haltia

Das Tor zur finnischen Wildnis

Zwei Schwäne spielen Schach, ein Schneetunnel entführt in die Jahreszeiten, ein riesiges Holzei prangt in der Mitte des dunkel gehaltenen Raumes. Auch wenn es sich zunächst nicht danach anhört, hier ist Natur fühlbar, hörbar, greifbar. Das am prächtigen Nuuksio-Nationalpark gelegene Naturzentrum Haltia, rund 30 Minuten vom Zentrum entfernt, zeigt moderne ökologische Holzbautechnik sowie Finnlands Naturschätze. Natur und modernste Technik sind hier kein Gegensatz. Der eiskalte Schneetunnel aus Glas enthüllt, wer sich alles im und unter dem Schnee verbirgt. Hat man ihn passiert, gelangt man in eine Halle, die die unterschiedlichen Jahreszeiten am Boden und an den Wänden virtuell nachempfindet. Unter Glasplatten, die im Boden eingelassen sind, kann man neue Perspektiven auf die Natur entdecken. Eine 18 Meter lange Leinwand lädt die Besucher ein, visuell und akustisch in die Weiten Lapplands einzutauchen, in die nächtlichen Polarlichter oder den Zug der Rentierherden. Mit Hilfe von Touchscreens kann man in Lichtgeschwindigkeit an 80 unterschiedliche Naturplätze im ganzen Land reisen und sie erkunden.

Der Bau, 2013 auf einem felsigen Hang errichtet, macht sich die ökologischen Errungenschaften innovativer Holzbautechnik zunutze. »Sonnenkollektoren, Erdwärme- und Abwärmerückgewinnungssysteme sowie Energiespartechnologien verleihen dem Gebäude eine 75-prozentige Energieautarkie«, sagt Haltias Direktor Timo Kukko.

Strategisch angebrachte Fenster und Terrassen bieten von den Ausstellungsräumen und vom Restaurant aus eine verführerische Aussicht auf den See und die umliegenden Nadelwälder und Birkenhaine. Die Form des Naturzentrums erinnert an eine Ente, ein Thema, das sich wie ein roter Faden durch das Gebäude zieht und auf die finnische Mythologie bezieht. Im Schöpfungsmythos des Nationalepos »Kalevala« schlüpft die ganze Welt aus dem Ei einer Schellente.

Adresse Nuuksiontie 84, 02820 Espoo, Tel. +358/401636200, www.haltia.com | **ÖPNV** Zug U, E oder X, Haltestelle Espoo Centre, dann Bus 245/245A/245K, Haltestelle Nuuksionpää/Kattila | **Tipp** Vom Naturzentrum Haltia kann man schnurstracks zum See laufen und Ruderboote oder Kanus mieten. Oder man begibt sich auf den Naturpfaden in den Nationalpark Nuuksio.

79 Die nördlichste Metro der Welt

Wo Lächeln überall und jederzeit erlaubt ist

Jeder kennt sie: die Aneinanderreihung von Verbotsschildern auf öffentlichen Plätzen und Bahnhöfen. Helsinki geht einen anderen Weg. In den U-Bahn-Stationen erfährt man weniger, was verboten, sondern vielmehr, was alles erlaubt ist. Hunde mitzunehmen etwa. In finnischen Zügen gibt es sogar extra Abteile für sie. In der Metro muss für Hunde nicht einmal etwas bezahlt werden. Kinder bis sieben Jahre fahren ebenfalls gratis. Aber das Tollste: Lächeln! Lächeln ist überall erlaubt, steht auf Hinweistafeln: an der Rolltreppe, in den unterirdischen Wartehallen, in der Metro selbst. Und siehe da: Es funktioniert irgendwie. Alle sind freundlich. Probieren Sie es einfach mal aus. Besonders quirlig geht es in der U-Bahn-Station Helsingin yliopisto, also der Station »Universität Helsinki«, zu. Die langen Rolltreppen werden angestrahlt und schillern in den unterschiedlichsten Farben. Wie in allen Stationen ist alles sehr gepflegt, sauber und sicher.

Die Metro in Helsinki ist übrigens die nördlichste Metro der Welt. Sie befördert jährlich 63 Millionen Passagiere, wurde 1982 eröffnet, ist 35 Kilometer lang, beginnt in Ruoholahti und endet in Matinkylä. Ende 2017 kamen acht Stationen Richtung Westen hinzu. Sie stellen eine wichtige Verbindung nach Espoo dar. Zehn Jahre lang wurde dafür unterirdisch durch das finnische Granitgestein gebohrt.

Tickets besorgt man sich am einfachsten über eine App, die man sich aufs Handy herunterlädt. Mit dem papierlosen Ticket kann man 80 Minuten lang in jede Richtung fahren. Das Ticket gilt auch für Bus und S-Bahn.

In der Station Tapiola steht die überlebensgroße »Emma« der bekannten finnischen Bildhauerin Kim Simonsson. Emma taucht ihre Hand in Farbe und hinterlässt überall Farbspuren in der Metro. Gehen Sie doch mal auf Spurensuche!

Adresse Kaisaniemenkatu, 00100 Helsinki-Kluuvi, Tel. +358/947664444, www.hsl.fi | **ÖPNV** Metro M 1, Haltestelle Helsingin yliopisto | **Öffnungszeiten** täglich zwischen 5 Uhr und Mitternacht | **Tipp** Die Unibibliothek Helsingin yliopisto ist schon allein wegen ihrer herausragenden Architektur einen Besuch wert.

80__Der Nuuksio-Nationalpark

Wildnis am Stadtrand

Eines der bestgehüteten Geheimnisse Helsinkis ist seine Natur. Selbst vom Hauptbahnhof mitten in der Stadt sind es nur wenige Schritte ins Grüne. Kilometerweit kann man laufen, ohne eine Straße überqueren zu müssen. Dass man sich in einer Metropole mit einer Million Einwohnern befindet, vergisst man da schnell. Manche Wege wirken, als sei hier niemals zuvor jemand gewesen.

Jedermann und jede Frau kann in Helsinki die Natur erleben – die Parks sind weitläufig, und die Wassergebiete und Wälder sind frei zugänglich. Für Hobbysportler gibt es insgesamt 1.100 Kilometer Wanderwege. Die Finnen lieben ihre Wälder. Zwischen Fichten und Föhren zählten keine Besitzstände, erklärte mir mal ein Finne. Es ist wie in der Sauna, da sind auch alle gleich. Probieren Sie es doch einfach mal aus!

Wer so richtig Wildnis erleben möchte, dem sei der Nuuksio-Nationalpark ans Herz gelegt. Er ist nur eine halbe Stunde vom Zentrum Helsinkis entfernt. Ein Gebiet mit einzigartiger Natur, seltenen Tieren und viel Magie. Stunden- oder auch tagelang kann man hier durch die unberührten Wälder streifen.

53 Quadratkilometer groß ist der Park, der einen schnell verzaubert. Mit mehr als 80 Seen, in denen sich wunderbare Sonnenuntergänge spiegeln und deren Oberflächen nur selten ein Windhauch kräuselt. Finnische Flora und Fauna hautnah erleben, mit dem Kanu über die Seen paddeln, fliegenfischen oder Tiere entdecken. In dieser Wildnis ist man nie allein. Luchse und Bären, Eichhörnchen und Kaninchen leben hier. Der Star ist aber das geflügelte Streifenhörnchen, zugleich auch Wappentier des Parks. Ein kleiner Rentierpark bringt sogar Lappland in die Hauptstadt. Ein Zugeständnis an viele Stopover-Reisende, die keine Zeit haben, das echte Lappland zu besuchen. Die Waldwege sind gut beschildert, und man kann tief eintauchen in die wilde Natur, die klare Luft und die unfassbare Stille.

Adresse Kattilantie 31, 02820 Helsinki-Espoo, Tel. +358/401636200, www.nationalparks.fi/en/nuuksionp | ÖPNV Bus 245, Haltestelle Kattila; Zug S, U, L, E, Haltestelle Espoo Centre | Tipp Mehrtägige Erholungs- und Kanutrips mit Guide bietet www.feelthenature.fi an. Eine Nacht in den Bäumen kann man in Baumzelten bei Honkalintu verbringen (www.honkalintu.fi).

81 Das Observatorium

Rendezvous mit den Sternen

»Wenn man begreift, dass wir auf einem winzigen Planeten leben, der um einen Stern kreist. Und sich dann bewusst macht, dass es da draußen Abermilliarden solcher Sterne in unendlich vielen Galaxien gibt. Diese Erkenntnis hat meine Sicht auf das Leben sehr verändert.« Mattis Augen beginnen zu leuchten. Er kommt öfter hierher, um in die Sterne zu gucken. Manchmal beobachtet er auch tagsüber die Phänomene auf der Sonnenoberfläche. Das geht hier dank modernster Geräte mit Filtern. Mit seiner Baseballkappe in der Hand erzählt Matti, dass er beinahe jeden Tag im Kaivopuisto, einem der ältesten und bekanntesten Parks Helsinkis, spazieren gehe. Auf seinem höchsten Punkt steht das Observatorium Ursa. Vorbei an ausgedehnten Rasenflächen, breiten Wegen und den glatt geschliffenen Felsen, steht das runde Bauwerk mit der Kuppel auf der Spitze der Felsenlandschaft. Es wurde von Carl Ludvig Engel entworfen und 1834 fertiggestellt. 2012 wurde Ursa nach gründlicher Renovierung wiedereröffnet.

Im Besucherzentrum erfährt man eine Menge über die Geschichte und die Zukunft der Astronomie und des Universums. Es verfügt auch über eine umfangreiche Bibliothek mit rund 8.000 Titeln in 20 Sprachen, darunter auch deutsche Bücher. Im Planetarium stehen Teleskope mit unterschiedlichen Brennweiten zur Verfügung. Zu den Öffnungszeiten findet man auch meist einen Mitarbeiter der Astronomischen Vereinigung Finnlands, eines Zusammenschlusses von insgesamt 18.000 Hobby-Astronomen.

Sternengucker Matti verrät noch, dass er am liebsten den Mond studiert. Dieser sei voller Krater, Berge, dunkler Flecke und Risse. »Ein bisschen wie das Leben.«

Das Beste am Kaivopuisto ist und bleibt aber der phantastische Rundblick auf die Schärenwelt und die großen, glatten Felsen, die sich aus dem Boden schieben und wie Walrücken aussehen. Dort trifft man auch eine Menge Gänse und Enten an, die sich hier ebenfalls wohlfühlen.

Adresse Kopernikuksentie 1, 00130 Helsinki-Ullanlinna, Tel. +358/96840400, www.ursa.fi | **ÖPNV** S-Bahn 2 oder 3, Haltestelle Olympiaterminaali | **Öffnungszeiten** Büro: Mo–Fr 9–16 Uhr (im Juli bis 15 Uhr); öffentliche Shows bei gutem Wetter: 15. Okt.–15. Dez. und 15. Jan.–15. März 19–21 Uhr, 15. März–15. Juni und 1. Aug.–30. Sept. 13–15 Uhr; Eintritt: Erwachsene 4 Euro, Kinder 2 Euro | **Tipp** Im an den Kaivopuisto angrenzenden Stadtteil Eira findet man herausragende Beispiele für den finnischen Jugendstil und Klassizismus.

82_Das Olympiastadion

Ein Uhu rettet die Fußball-Ehre

Beim Thema Fußball ist Finnland Kummer gewöhnt. So hat sich Finnland noch nie für eine Weltmeisterschaft qualifiziert. Anders als im Eishockey ist die Liste an Blamagen und schmerzlichen Niederlagen lang. Die Finnen nahmen das stets mit stoischer Gelassenheit hin. Bis zum Qualifikationsspiel Finnland–Belgien im Juni 2007. Ein groß gewachsener Uhu mit knapp zwei Meter Spannweite störte dieses so wichtige Spiel. Er setzte zum Tiefflug an und landete auf der Torlatte. Abpfiff. Mit der finnischen Seelenruhe war es plötzlich vorbei. Der gefiederte Störer flatterte von Tor zu Tor. Die Spieler waren irritiert, die Stadionbesucher ganz aus dem Häuschen. Mit schwenkenden Fahnen feuerten sie den Uhu an. »Huuhkaja«-Fangesänge wurden angestimmt. Insgesamt sechs Minuten war das Spiel unterbrochen. Das Match endete schließlich 2:0 für Finnland. Eine Sensation. Die Qualifikation zur EM verpassten die Finnen zwar trotzdem, dafür hatte die Nationalmannschaft einen neuen Spitznamen: Huuhkajat (die Uhus). Der Uhu wurde auf den Namen Bubi getauft, abgeleitet von der wissenschaftlichen Bezeichnung Bubo bubo. Zum Dank wurde Bubi am Ende des Jahres von Journalisten zum Ehrenbürger ernannt.

Vier Jahre später machte Bubi wieder Schlagzeilen. Seine drei Uhu-Babys hatten ihr Nest nämlich auf dem Dach eines Einkaufszentrums. Beim Fliegenlernen stürzten sie regelmäßig ab und landeten auf den großen Leuchtreklamen an der Fassade des Einkaufszentrums. Feuerwehrmänner mussten sie unter großer Anteilnahme des Publikums retten.

Welche Sportart auch immer Sie im Olympiastadion anschauen, oder wenn Sie vielleicht einfach nur den Aussichtsturm besteigen, halten Sie Ausschau nach Bubi!

Exakt 72,71 Meter hoch ist er übrigens und erlaubt einen sagenhaften Blick über die Stadt. Die Höhe des Turms entspricht genau der Sieg-Weite des finnischen Olympiasiegers von 1932 Matti Järvinen im Speerwerfen .

Adresse Paavo Nurmen tie 1, 00250 Helsinki-Töölö, Tel. +358/94366010, www.stadion.fi/helsinki-olympic-stadium | **ÖPNV** Bus 43, Haltestelle Töölön kisahalli | **Tipp** Ein Fußweg führt über die Bahngleise zum Freizeitpark Linnanmäki mit rund 40 Fahrgeschäften, darunter ist auch eine Holzachterbahn aus den 1950er Jahren.

83 Der Omatunnel

Die Partymeile für Singles und Feierwütige

In der deutschen Umgangssprache gibt es viele boshafte Worte dafür – die Finnen umschreiben ihn etwas freundlicher mit »Omatunnel«: ein Treffpunkt für Menschen über 30, die vielleicht noch nicht den oder die Richtige gefunden haben oder auf der Suche sind nach einem neuen Partner. Wobei Omatunnel bei näherer Betrachtung auch nicht wirklich nett ist. Sind die meisten Gäste doch weit vom Großeltern-Alter entfernt. Mummotunneli ist ein lang gezogener schmucker Innenhof. Zahlreiche Kneipen reihen sich aneinander. Jedes Lokal hat seine eigene Theke und einen Tanzboden in der Passage, die von Kronleuchtern und bunten Spots bestrahlt wird. Mit freiem Blick in den finnisch-blauen Himmel. Alkohol wird zu üblichen finnischen Preisen ausgeschenkt, ist also rund 50 Prozent teurer als in Deutschland.

Wie überall vor Clubs und Diskotheken gibt es Türsteher, die darüber entscheiden, wer reinkommt und wer nicht. Bei Überfüllung lassen sie die Wartenden draußen auch schon mal eine halbe Stunde stehen. Selbst bei minus 20 Grad. Mit den hübsch rausgeputzten Frauen in zarten Perlonstrümpfen zeigen sie zumindest nicht sichtbar Mitleid.

Wer die Security-Zone aber überwunden hat, wundert sich vielleicht zunächst darüber, dass die Finnen, die sonst so sehr darauf achten, genügend Abstand zum Gegenüber einzuhalten – 60 Zentimeter sind angenehm, mehr können aber nie schaden –, dass genau diese Finninnen und Finnen plötzlich dicht gedrängt in diesem schlauchartigen Innenhof stehen, in dem es unmöglich ist, niemanden zu berühren. Und sie amüsieren sich, lachen, tanzen, als gäbe es kein Morgen. Die DJs geben ihr Bestes, damit die verschiedenen Tanzböden in der langen Gasse nie leer werden.

Wem es da jedoch zu eng sein sollte: Im Keller eines der Lokale kann fröhlich weitergefeiert werden. Manchmal auch mit Karaokesingen. Es ist fast unmöglich, hier einen Abend lang niemanden kennenzulernen.

Adresse Aleksanterinkatu 46, 00100 Helsinki-Kluuvi, Tel. +358/85685800 und +358/107664695, www.facebook.com/Mummotunneli | ÖPNV S-Bahn 5, Haltestelle Aleksanterinkatu | Öffnungszeiten Fr, Sa 16–3 Uhr | Tipp In der Nähe befindet sich auch das Savoy Theater sowie das gleichnamige traditionsreiche Restaurant, das von Alvar Aalto eingerichtet wurde und neben vorzüglicher Küche einen schönen Blick auf den Esplanade-Park bietet (Eteläesplanadi 14).

84 Das Päivälehti-Museum

Ein Museum für Meinungsfreiheit und Medien

1,6 Millionen Nachrichten, 4.000 Gegenstände, 20.000 Fotos. Das Päivälehti-Museum entführt in die Medienwelt von gestern, heute und morgen. Im sogenannten »Nachrichten-Park« kann man in die Geschichte eintauchen. Nochmals die Schlagzeilen der Zeitungen nach der Kennedy-Ermordung lesen? Kein Problem. Oder die Artikel nach dem Ende des Zweiten Weltkriegs? Nur wenige Klicks, und schon ist man auf einer Zeitreise durch die (Presse-)Geschichte.

Historische Exponate machen die Entwicklung unserer Kommunikationstechnologie mit den Händen (be-)greifbar, zeigen aber auch, wie gewaltig sich die Arbeitswelt der Drucker und Journalisten im Laufe der Zeit verändert hat. Eine Dauerausstellung im Museum beleuchtet Meinungsfreiheit und Zensur. Es ist faszinierend, wenn man auf einer großen Weltkarte globale Newsfeeds in Echtzeit verfolgen und so die Redefreiheit in verschiedenen Ländern annähernd vergleichen kann.

In der Rangliste der Pressefreiheit belegt Finnland übrigens seit Jahren den Spitzenplatz. Rund 200 Zeitungen erscheinen in dem kleinen Land regelmäßig, und 93 Prozent aller Erwachsenen lesen regelmäßig Zeitung. Journalisten genießen aufgrund wirksamer Gesetze zur Pressefreiheit und Transparenz ein hohes Maß an Freiheit in ihrer täglichen Arbeit. Im Druckkeller, der die Geschichte der Printmedien zeigt, erfährt man, wie Zeitungen und Bücher vor der Erfindung des Computers hergestellt wurden.

Träger des Museums ist die gemeinnützige Helsingin-Sanomat-Stiftung, die sich für hochwertigen Journalismus und Meinungsfreiheit in Finnland engagiert. Nicht verwunderlich, dass auch die Geschichte der größten Tageszeitung Finnlands, der »Helsingin Sanomat«, erzählt wird. In einem verglasten Lesesaal kann man kostenlos aktuelle Zeitungen und Zeitschriften in mehreren Sprachen lesen. Ein Service, den übrigens auch alle Bibliotheken der Stadt bieten.

Adresse Ludviginkatu 2–4, 00130 Helsinki-Kaartinkaupunki, Tel. +358/207209810, www.paivalehdenmuseo.fi | ÖPNV S-Bahn 6, Haltestelle Erottaja | Öffnungszeiten täglich 11–17 Uhr, Eintritt frei, Führungen auch auf Deutsch buchbar | Tipp Wer jetzt auf den Geschmack gekommen ist: In der Korkeavuorenkatu 23 befindet sich das Designmuseum, das schon seit 1873 existiert und mit über 200.000 Objekten, Fotos und Zeichnungen aufwarten kann.

85__Das Pin-up-Fotostudio

Jeder Mensch ist auf seine Weise schön

»Jede Frau ist schön. Auf ihre Weise. Das möchte ich zeigen.« Marika Kiviharju hat das Pin-up-Fotostudio 2013 im Bezirk Jätkäsaari gegründet. Pin-up ist für sie gleichbedeutend mit dem Stil der 1950er Jahre, als Pin-up-Girls in Magazinen und auf Plakaten auftauchten. »Dieser Stil funktioniert für alle Frauen, egal, wie alt sie sind und welche Figur sie haben. Das sieht immer gut aus, denn der Fifties-Style ist sehr weiblich und figurbetont.«

Ihre Kundinnen sind »ganz normale finnische Frauen«. Mütter, Ehefrauen, Rentnerinnen. »In Finnland haben nicht alle Frauen das nötige Selbstbewusstsein. Manche sind schüchtern und nicht gewohnt, sich so zu zeigen.« Deswegen nimmt sich Marika auch viel Zeit beim Fotografieren. Zum Beruf kam sie über Umwege während des Studiums. »Wir helfen mit Make-up, Kleidern und Schuhen. Damit sich die Frauen attraktiv fühlen, egal, ob sie in die gängige Vorstellung von Schönheit passen oder nicht.«

Das Studio befindet sich in einer alten Lagerhalle. High Heels in allen Farben und Größen stehen hübsch aufgereiht in Regalen, wahlweise mit Schleifchen, Riemchen oder Blümchen. Daneben, an Stangen aufgehängt wie bei einer Modenschau, ausgefallene Kleider, die Marika meist auf dem Flohmarkt oder bei Abverkäufen ergattert. Studioblitze, schwarz abgedeckte Wände, Requisiten und übergroße, beleuchtete Spiegel, haufenweise Make-up-Döschen, Puder und Farbe – wie an einem Filmset.

»Einmal feierten junge Frauen hier Junggesellinnen-Abschied«, erzählt Marika. »Alle waren aufgeregt, nur eine war leichenblass. Sie gefalle sich auf Fotos nie. Nach dem Shooting war sie die Glücklichste von allen. Und dann sind auch wir glücklich.« Wie wär's mit einem außergewöhnlichen Profilbild in den sozialen Medien und einem Like-Rekord auf Instagram? Das Ambiente und das Shooting versprechen ein nicht alltägliches Vergnügen mit einem unvergesslichen Foto. Nur Mut!

Adresse Tyynenmerenkatu 6, 00220 Helsinki-Jätkäsaari, Tel. +358/451119592, www.pinupstudio.fi | ÖPNV S-Bahn 7, Haltestelle Länsiterminaali 1 | Öffnungszeiten Mo – Fr 10 – 16 Uhr, Sa 10 – 19 Uhr | Tipp Gleich gegenüber gibt es ein nepalesisches Restaurant mit gutem Mittagstisch.

86 Der Pissa poika

Das finnische Manneken Pis

Es gehört zu Brüssel wie die Fritten und das Atomium: das Manneken Pis. Es war 400 Jahre lang so etwas wie der Goldstandard in Bezug auf urinierende Statuen. Doch Helsinki legt nach: Die Hauptstadt hat vor einigen Jahren einen bezaubernden Neuling vorgestellt, der weniger ein kleiner Junge ist als vielmehr ein bekümmerter großer Knabe, der sich bei seinem momentanen Tun ertappt fühlt. Kein Adonis, dafür unbekleidet, mit zartrosa Haut. Erinnert ein wenig an ein Neugeborenes oder an ein überdimensioniertes Riesenbaby.

Pissa poika (pinkelnder Junge) ist die finnische Antwort auf Belgiens Manneken Pis. Dabei allerdings völlig untypisch für Finnland. Schon allein wegen der unbescheidenen Maße, mit denen der pinkelnde Junge in Helsinki daherkommt. Siebeneinhalb Tonnen schwer und achteinhalb Meter groß ist der kleine, große böse Bube, der 2014 erstmals am zentralen Marktplatz von Helsinki der Öffentlichkeit vorgestellt wurde. Da stand der »Riese piss« nun leicht errötet an der Kaimauer und wirkte ein wenig überrascht, als hätte man ihn bei etwas Verbotenem ertappt. Es dauerte jedoch nicht lange, bis das finnische Manneken Pis zu einem sehr beliebten Fotomotiv wurde.

Der Pissa poika ist die Arbeit des finnischen Künstlers Tomi Toija (geboren 1974). Er lebt und arbeitet in Helsinki und beschäftigt sich in seinen Werken vornehmlich mit der Frage der menschlichen Existenz. Er zeigt die Menschen in ihrer Nacktheit, mit all ihren Hoffnungen und Ängsten, aber auch in ihrer Verwundbarkeit und Zerbrechlichkeit. Häufig schwingt in seinen Werken ein leichtes Amüsement mit.

Inzwischen hat der Pissa poika seine endgültige Heimat im Westhafen gefunden. Hier trotzt er Wind und Wetter und pinkelt tagein, tagaus auf den Gehsteig. Der Wasserkreislauf der Skulptur ist übrigens beheizt, sodass es auch bei zweistelligen Minusgraden im Winter fröhlich weiterplätschern kann.

Adresse Tyynenmerenkatu 11, 00220 Helsinki-Jätkäsaari | ÖPNV S-Bahn 7, Haltestelle Länsiterminaali | Öffnungszeiten ganzjährig, rund um die Uhr | Tipp Im Gebäude dahinter befindet sich das Museum für Computer und Spielekonsolen. 500 alte Computer und Konsolen sind hier ausgestellt, Commodore 64 und Atari-Konsolen lassen das Herz so manches Spielefreaks höherschlagen (www.tietokonemuseo.net).

87_Das Restaurant Troikka

Russisches Flair in der finnischen Hauptstadt

Der Finne ist nicht gerade bekannt dafür, des Russen bester Freund zu sein. Zu oft hat es im Laufe der Geschichte zwischen beiden Ländern gekracht. Zudem hält Finnland mit über 1.000 Kilometern die längste Grenze zu Russland. Umso erstaunlicher, dass sich seit über 50 Jahren das Troikka in Helsinki hält und sogar gewisser Beliebtheit erfreut. Denn mit dem Troikka betritt man sozusagen russisches Gebiet. Zwar ist es seit der Eröffnung in den späten 1960er Jahren in finnischer Hand, aber die Handschrift ist eindeutig russisch.

Schwere rote Teppiche, dunkel gehaltene Ölgemälde an den Wänden, Tapeten aus edlen Stoffen, weiße Tischdecken, kupferne Leuchter, geschliffene Kristallgläser. Auch das Essen ist »old russian style«: Es gibt Borschtsch, Stroganow und zwischendurch Blini-Wochen. Auch finnischer Kaviar wird serviert, 30 Gramm für 128 Euro. Von den Wänden schauen berühmte russische Schriftsteller und Dichter wie Tschechow und Puschkin herab. Alte Leuchter hängen von der gewölbten, niedrigen Decke, Kristallgläser auf den Tischen vermitteln eine Ahnung von der Zarenzeit. Auf der Speisekarte prangt der heilige Georg, Symbol Moskaus und Schutzpatron Russlands.

Die Kunden sind zu 60 Prozent Finnen, 40 Prozent kommen aus dem Ausland. Vor allem Gäste und Immigranten aus den Ostblockländern kämen oft und gern, erzählt der heutige Betreiber Pekka Pellikka. Helsinki schätze er, weil es sehr friedlich sei. Es gebe kaum Gewalt, auch wenn die Helsinkier nicht viel reden würden. Auch berühmte finnische Eishockeyspieler und Fußballspieler mieten sich hier gern die Hinterzimmer, in denen man ungestört essen und feiern kann.

Den Namen Troikka hat das Restaurant vom Dreigespann, eine russische Erfindung, bei dem drei Pferde einen Wagen ziehen. Im Lokal ist eine Troika auf einem der zahlreichen Ölgemälde verewigt. Der schwedische Maler Alf Wallander hat es 1895 geschaffen.

Adresse Caloniuksenkatu 3, 00100 Helsinki-Etu/Töölö, Tel. +358/9445229, www.troikka.fi | ÖPNV S-Bahn 1, Haltestelle Sammonkatu | Öffnungszeiten Di–Fr 17–22.30 Uhr, Sa 14–22.30 Uhr | Tipp Ganz in der Nähe befindet sich die Felsenkirche. Die Temppeliaukio-Kirche wurde direkt in den Granitfels hineingebaut. Die Wände bestehen aus unbehauenem Felsen, durch die 180 Fenster des Kuppeldaches kommt Tageslicht herein.

88 Das Sandro

Ein Teller voller Glück

Von außen finnisch – von innen arabisch und afrikanisch. Hier im Restaurant Sandro kann man schnell mal einen kulinarischen Ausflug nach Afrika machen. Das Sandro bietet nicht nur günstiges Mittagsbüfett, an dem man sich so oft bedienen kann, wie der Magen bereit ist mitzumachen. Auch für Freunde des fleischlosen Genusses gibt es eine breite Auswahl. Hier könnten Vegetarier, die sich ja häufig mit einem kleinen Speiseangebot zufriedengeben müssen, sogar in die Verlegenheit kommen, zu viel zu essen.

Die eigenen Kreationen der Küche sind so beliebt, dass es mittlerweile auch ein Kochbuch zu den Gerichten gibt. Die Einrichtung folgt der typisch skandinavischen, coolen Wohntradition: schlichte Formen, geradliniges Design, funktionale Möbel. Wohlfühlatmosphäre auf nordische Art. Zur Mittagszeit, und die beginnt in Finnland schon um elf Uhr, füllt sich das Restaurant schnell. Studenten mit bunten, gestrickten Mützen und Rastalocken trifft man hier ebenso wie Banker und Manager in schicken grauen Anzügen. Das Selbstbedienungs-Büfett befindet sich in der Mitte des Lokals, die Speisen sind in großen Tonschalen angerichtet, mit liebevoller, aufwendiger Dekoration. Da isst das Auge gern mit. Wasser zum Trinken gibt es wie in allen Lokalen Finnlands kostenlos dazu.

Sandro ist die Kurzform des italienischen Namens Alessandro, die Gerichte dagegen sind Kreationen nicht nur aus der italienischen Küche, sondern mit Anleihen aus aller Welt.

»Wir wollen den Leuten einen Teller voller Glück servieren. Wir achten sehr auf frische und natürliche Zutaten und wollen so erreichen, dass unser Gast nach dem Essen für den Rest des Tages mit einem Lächeln durch die Stadt läuft.« So das Motto der Betreiber von Sandro, das es mittlerweile viermal in Helsinki gibt. Sollten Sie also grundlos lächelnden Menschen in Helsinki begegnen – vielleicht kommen sie gerade von Sandro.

Adresse Kolmas linja 17, 00530 Helsinki-Kallio, Tel. +358/961285151, www.sandro.fi | **ÖPNV** S-Bahn 9, Haltestelle Kallion virastotalo | **Öffnungszeiten** täglich 11–23 Uhr | **Tipp** Nur wenige Minuten zu Fuß entfernt befindet sich in der Kaarlenkatu 10 das Frida Marina, ein Vintage- und Secondhandshop, in dem jedes Stück seine eigene Geschichte hat.

89 Das Sauna-Boot

Die schwimmende Schwitzstube

Die Sauna ist essenziell für die Finnen, das wurde ja schon mehrfach erwähnt. Die Finnen möchten nirgends darauf verzichten. Auch nicht auf dem Wasser. Dennoch sind schwimmende Sauna-Boote in der Hauptstadt eher die Ausnahme. Sieht man mal von den großen Passagierschiffen ab, die natürlich alle eine Sauna mit an Bord haben.

Eine einzigartige Möglichkeit, einen Sommertag in Helsinki zu verbringen, ist ein Ausflug mit Freunden und Familie auf einer schwimmenden Sauna auf dem Meer. Der Saunaofen ist bereits beheizt, wenn man das Schiff besteigt. Zum Entspannen und Sonnenbaden gibt es eine Terrasse am Heck und einen Jacuzzi im vorderen Teil des Bootes. Im Aufenthaltsraum wird gegessen, geredet, gefeiert, gelacht. Mehr als einen Bademantel und ein Handtuch braucht man nicht. Wenn der Kapitän dann seinen geheimen Schwimmplatz im Archipel vor Helsinki erreicht hat, kann man in die kühle Ostsee eintauchen. In der Zwischenzeit wird der Grill angeheizt, denn Schwitzen macht hungrig. Und am Ende gibt es vielleicht noch einen romantisch-kitschigen Sonnenuntergang, während man gemütlich an Deck sitzt, über die Reling schaut und dieses supersaubere Sauna-Körpergefühl genießt. Anbieter solcher Touren gibt es in Ruoholahti, Hernesaari und – relativ neu – auch am Bootssteg von Mustikaamaa.

Für die Luxusvarianten muss man für drei Stunden Cruisen vor der Küste rund 800 Euro hinblättern. Es gibt aber auch günstigere Varianten. Die Boatmangroup bietet eine schwimmende Sauna für zwölf Personen für einen ganzen Tag schon für 750 Euro an. Ein Skipper begleitet die Gäste, navigiert das Boot und wirft an den schönsten Stellen den Anker.

Bisher gibt es die Angebote nur im Sommer, in Planung sind aber auch Winterausflüge auf der fast zugefrorenen Ostsee. Dabei wird in der Nähe des Ufers einfach ein Loch ins Eis geschlagen, bevor man sich im klirrend kalten Meerwasser abkühlen kann.

Adresse Mustikkamaantie 2, 00570 Helsinki-Mustikkamaa, Tel. +358/500457623, www.boatmangroup.fi | **ÖPNV** Bus 16, Haltestelle Mustikkamaa | **Tipp** Wer mehr auf Angeln steht als auf Schwitzen, kann hier auch ein- bis mehrtägige Angelausflüge buchen.

90_Die S-Bahn-Kneipe

Eine Rundfahrt mit Schuss

Alkohol ist zwar teuer in Finnland. Aber dann soll das Trinken wenigstens Spaß machen. Und am besten mit toller Aussicht stattfinden. Helsinkis fahrende Kneipe Spårakoff liefert noch das i-Tüpfelchen dazu: eine Stadtrundfahrt mit Schuss sozusagen. Und ums Heimkommen muss man sich auch keine Sorgen machen. Man ist ja mit »Öffis« unterwegs. Es sei denn, unvorhergesehene Ereignisse verhindern das.

Im Sommer dreht die Kneipe jeden Abend ihre Runden ums Stadtzentrum, gut erkennbar an ihrer feuerroten Farbe. Die offiziellen Straßenbahnen in Helsinki sind grün. Der hintere Teil der umgebauten Straßenbahn von 1959 besteht aus einer Theke mit goldenen Zapfhähnen. Das erste Getränk ist bereits im Fahrpreis enthalten. Nicht alkoholische Getränke gibt es selbstverständlich auch, aber irgendwie schmälern sie das Erlebnis dieser Kneipenrundfahrt.

Man sitzt sich an kleinen Tischen gegenüber. Viel Messing, Samtbezüge und polierte Haltestangen vermitteln ein Feeling von Transsibirischer Eisenbahn.

Rund zwei Dutzend Fahrgäste kommen im Verlauf der knapp einstündigen Rundfahrt an allen wichtigen Sehenswürdigkeiten vorbei. Die Stimmung steigt mit jedem Halt, und es dauert nicht lange, da singen die Finnen am Nachbartisch und versuchen, einem asiatischen Touristen zwischen den musikalischen Einlagen zu erklären, was Finnland ausmacht. Nach dunklen Wintern und Finnischem Tango landen sie bei Karaoke und Sauna. Der gute Mann soll noch am selben Abend in die finnische Saunakultur eingeführt werden. Verhindert wird das lediglich dadurch, dass die Bahn wegen einer technischen Panne außerplanmäßig halten muss. Alle Fahrgäste müssen frühzeitig aussteigen, und die Kneipen-S-Bahn wird mit eilig angerückten Spezialfahrzeugen von den Schienen entfernt, damit der normale Bahnverkehr weiter rollen kann. Trotzdem: ein lustiges Erlebnis. Helsinki aus einer ganz neuen Perspektive.

Adresse Mikonkatu (neben dem Hauptbahnhof), Helsinki-Kluuvi, www.koff.fi/sparakoff | **ÖPNV** S-Bahn, Bus bis Haltestelle Rautatieasema | **Öffnungszeiten** Abfahrt Mitte Mai–Mitte Sept. Mo–Sa zwischen 14 und 20 Uhr jeweils zur vollen Stunde, von Ende Juni bis Ende Aug. Fr und Sa zusätzlich um 21 Uhr | **Tipp** Am planmäßigen Endpunkt kann man die Kneipenfahrt mit einer Kneipentour durch die Mikonkatu und die Kaivokatu fortsetzen.

91_Die Schlafboxen

Schwitzen, schlafen und schweben

Wäre Tom Hanks im Spielfilm »The Terminal« nicht in New York, sondern auf dem Flughafen in Helsinki-Vantaa gelandet, er hätte vermutlich mehr Spaß daran gehabt, am Flughafen festzusitzen.

Denn hier hat man verschiedene Möglichkeiten, sich die Zeit bis zum Weiter- oder Rückflug zu vertreiben. Statt der auf Flughäfen üblichen Hektik und Lautstärke fällt hier als Erstes das Vogelgezwitscher auf, das man selbst auf den WCs aus Lautsprechern hören kann. Abgesehen von einer eigenen Kunstgalerie hat Joulupukki, also der Weihnachtsmann, hier neuerdings auch eine kleine Filiale. Und das angeblich günstigste Wasser am Flughafen: Wasser aus Lappland für einen Euro. Wer es in seinem Urlaub nicht geschafft hat, eine Sauna zu besuchen, kann das hier noch auf den letzten Drücker nachholen. Der Airport verfügt über eine gemischte Sauna in der Finnair-Lounge. Zu finden ist sie zwischen Gate 36 und 37. Für Business-Class-Flieger ist der Zugang kostenlos. Dasselbe gilt für Flieger mit Finnair-Mitgliedskarte. Alle anderen Passagiere müssen eine Gebühr von 48 Euro bezahlen.

Wer Ruhe braucht, findet sie in den Schlafboxen bei Gate 11: ausruhen, einfach Füße hoch, Augen zu. Entspannen, ohne ein Auge aufs Gepäck haben zu müssen, ohne das Gefühl zu haben, beobachtet zu werden. Nur noch die Füße schauen raus. Zumindest bei den Großen. In diesen seltsamen Schlafkojen ist das möglich. Die Gebühren für die seltsam anmutenden Schlafboxen variieren. In regelmäßigen Schnupperwochen werden sie auch gratis angeboten. Wie in einem Science-Fiction-Film – und gleich kommen Spock und Captain Kirk um die Ecke und beamen sich ins nächste Flugzeug.

Ein bisschen raumschiffartig sehen sie ja schon aus, aber drinnen ist es tatsächlich schön dunkel, absolut ruhig, warm und in der Tat fast so weich wie in einem Bett. Da muss man fast schon aufpassen, seinen Anschluss nicht zu verpassen.

Adresse Lentoasemantie 1, 01531 Helsinki-Vantaa, www.finavia.fi | **ÖPNV** Bus 651, Haltestelle Lentoasema/Airport T 1 oder T 2; Zug P oder I, Haltestelle Lentoasema/ Airport | **Öffnungszeiten** ganzjährig, rund um die Uhr | **Tipp** Der Flughafen verfügt auch über eine Büchertauschbörse. Ausgelesene Bücher, die nur noch das Gepäck beschweren, kann man hier für andere Reisende hinterlassen, sich selbst ein neues Buch aussuchen und in Schaukelstühlen oder auf großen Kissen die Zeit bis zum Abflug verkürzen.

92 Die Senatstreppen

Wie sich Finnland gegen russische Einverleibung wehrt

Finnland war das erste Land der Welt, das den Frauen das uneingeschränkte aktive und passive Wahlrecht eingeräumt hat. Das war 1906. Im Kampf um Frauenrechte hatte Finnland in Europa eine Vorreiterrolle. Bereits 1885 wurde das patriarchale Ehegüterrecht aufgehoben und die Gütertrennung eingeführt. So behielt die Frau auch in der Ehe das Recht auf ihr Vermögen. Heute vielleicht nur mehr schwer vorstellbar, damals revolutionär. In Deutschland übersprang man diese Hürde erst mehr als 70 Jahre später.

Das Februarmanifest von 1899, das Zar Nikolaus II. auf Druck der Nationalisten erließ, wischte die finnische Autonomie mit einem Federstreich weg und kam einem Staatsstreich gleich. Finnland war plötzlich russische Provinz, das Sagen hatte Sankt Petersburg. Die Fronten verschärften sich. Generalgouverneur Nikolaj Bobrikow, ausgestattet mit den umfangreichen Rechten eines Diktators, wurde 1904 auf den Treppen des Senatsgebäudes erschossen. Der Täter, Eugen Schaumann, ein finnischer Nationalist, wollte damit das Augenmerk auf das Unrecht lenken, das dem finnischen Volk angetan wurde. Er selbst nahm sich danach das Leben. Die Revolution 1905 in Russland tat ihr Übriges. Es kam zum Generalstreik in Finnland, der Zar musste nachgeben und Reformen versprechen. So bekam Finnland 1906 das modernste parlamentarische System in ganz Europa. Alle Bürgerinnen und Bürger ab 24 Jahren durften nun wählen und sich selbst wählen lassen. Von 200 Abgeordneten zogen 19 Frauen ins Parlament ein. Heute befindet sich im Senatsgebäude das Regierungsorgan, der finnische Staatsrat.

Den Sound des Senatsplatzes kann man jeden Tag um genau 17.49 Uhr hören. Eine Art modernes Glockenspiel, das 5 Minuten und 18 Sekunden dauert. Am besten hörbar in der Mitte des Platzes direkt neben Alexander II., der dort seit 1894 von einem roten Granitsockel auf uns herunterblickt und symbolisch von Gesetz, Arbeit, Frieden und Licht umgeben ist.

Adresse Senaatintori, 00170 Helsinki-Kluuvi | ÖPNV S-Bahn 2, Haltestelle Senaatintori | Öffnungszeiten ganzjährig, rund um die Uhr | Tipp In der südöstlichen Ecke des Senatsplatzes befindet sich auch das älteste Steingebäude der Stadt, das Sederholm-Haus. Heute ist hier ein Teil des Stadtmuseums untergebracht.

93_Der Single-Park

Der Park der einsamen Stühle

Sommer in Helsinki. Es ist die Zeit des Überschwangs und des Übermuts. Die Zeit, in der Gefühle federleicht sind und Paare sich finden. In den hellen Nächten, wenn die Sonne nur kurz hinter dem Horizont verschwindet und die Wolken leicht rosa schimmernd zurücklässt. Das ist die Zeit, in der das Lachen unbeschwerter ist, die Luft nach frisch gemähtem Gras riecht und das Leben süßer schmeckt. Der Moment, in dem Hände leichter zueinanderfinden, Schmetterlinge noch zarter als ohnehin schon im Bauch flattern und es im Herzen kribbelt. Wie Seifenblasen schweben die Gefühle über den Köpfen der Menschen, und die Luft streichelt einen wie die zarte Berührung eines Libellenflügels.

Singles bleiben jetzt nicht lang allein. Vermutlich auch nicht im »Park der Singles«, der zwar nicht diesen Namen trägt, aber sehr danach aussieht. Denn statt Parkbänken gibt es hier nur einzelne Stühle, verstreut über die gesamte Anlage. So weit auseinander, dass sich niemand die Mühe machen würde, sie zusammenzuschieben. Das kommt dem finnischen Gemüt entgegen. Denn die Finnen legen Wert auf angemessenen Körperabstand. Egal, ob an der Bushaltestelle, in der Supermarktschlange oder in der Metro. 60 Zentimeter sind gut, mehr noch angenehmer für den Finnen.

So bleibt man hier dann wohl doch allein. Definitiv kein Ort für romantische Dates. Wer es allerdings leid ist, die Parkbank immer mit Fremden teilen zu müssen, und einfach mal ungestört sein möchte, ist hier genau richtig. Hier wird man mit Sicherheit in Ruhe gelassen. Denn alle anderen, die hier vorbeihuschen, wollen weg, sind vielleicht auf dem Weg ins Zentrum. Dorthin, wo das Leben prall, intensiv und süß schmeckt.

Denn gerade im Sommer mit der nicht untergehen wollenden Sonne ist das Leben leicht wie ein Luftballon. Und unweigerlich kommt einem in den Sinn: Das Leben findet jetzt statt. Also nichts wie raus aus dem Single-Park.

Adresse Ukkopekan porras, 00570 Helsinki-Kulosaari | **ÖPNV** Metro M1 oder M2, Haltestelle Kulosaari | **Öffnungszeiten** ganzjährig, rund um die Uhr | **Tipp** Geht man weiter in südlicher Richtung, findet man im Sommer Maiglöckchenteppiche im Wald, meterhohe Schafgarbe und Eichhörnchen.

94 Die Skihalle Hiihtohalli

Schneevergnügen mitten im Sommer

Manchmal denkt man ja schon: Die spinnen, die Finnen! Jetzt haben sie ohnehin einen so langen Winter, dass man meinen könnte, sie sehnten sich nach Wärme, Sonne und Sommer. Ach was! Offenbar sehnen sich viele nach noch mehr Kälte und noch mehr Schnee. Wie sonst ließe sich erklären, dass in einem Land, in dem teilweise sieben Monate lang Winter herrscht, ganzjährig eine Skipiste bereitgehalten wird.

Kivikon Hiihtohalli nennt sich die Skihalle, wird von der Stadt Helsinki betrieben und ist eine teilweise unterirdische Indoor-Langlaufhalle. Nicht mal einen Ruhetag gönnt man sich, bis auf die Nachtstunden ist die Halle quasi rund um die Uhr geöffnet. Das erklärt sich auch damit, dass Langlauf in Finnland Nationalsport ist. Im Winter sieht man immer wieder Menschen, die sogar in der Hauptstadt auf Skiern zur Arbeit kommen.

Auf über 1.000 Meter Länge kann man hier nach Herzenslust auf Kunstschnee gleiten oder seine Kondition verbessern. Die Piste ist zwischen sechs und acht Meter breit. Gerade im Herbst nutzen viele die Halle, um schon mal ihre Kondition für den kommenden Winter aufzubauen und die Vorfreude auf selbigen zu steigern. In der »Winterworld« gibt es zudem die Möglichkeit, Tandem-Skifahren und Tretschlittenfahren auszuprobieren. Kinder können einen Schneehügel runterrodeln und auf Mini-Schneemobilen ihr Können testen. Die Idee dahinter: Kreuzfahrt- und andere Kurzzeit-Touristen haben keine Zeit, den echten Winter in Lappland zu erleben. Mit der Winterwelt kommt Lappland deshalb kurzerhand zu ihnen.

Der Eintrittspreis beinhaltet auch einen Saunabesuch. Duschen und Umkleideräume stehen natürlich zur Verfügung. Skier können ausgeliehen werden. Wer danach noch immer nicht genug vom Winter hat, dem sei die Eisbar empfohlen, in der man bei Minusgraden auf Eishockern an Tischen aus geschnitztem Eis ein kühles Getränk genießen kann. Auf Wunsch mit Eiswürfeln.

Adresse Savikiekontie 4, 00940 Helsinki-Kivikko, Tel. +358/92245103, www.winterworld.fi | **ÖPNV** Bus 54, Haltestelle Kivikonlaita | **Öffnungszeiten** täglich 8–22 Uhr; Eintritt: Erwachsene 14 Euro, zahlreiche Ermäßigungen für Familien; eigene Preise für die Winterworld | **Tipp** Um die Halle herum befindet sich ein Sportzentrum mit zahlreichen Sportmöglichkeiten, darunter auch ein Geschicklichkeits- und ein Hindernisparcours, der schwer an Einzelkämpfertraining erinnert.

95 Der Softeis-Kiosk

Die Europameister im Eisessen

Eisessen ist wie sich etwas wünschen: Davon kann man nie genug bekommen. Dieser Spruch könnte von den Finnen stammen. Sie sind nämlich nicht nur mit 1.310 Tassen pro Person und Jahr Weltmeister im Kaffeetrinken, sondern auch Europameister im Eisessen. Sie verputzen statistisch gesehen 12,9 Liter Eis pro Mann und Nase beziehungsweise Schleckermaul pro Jahr. Den ersten Eishersteller gab es in Finnland schon 1922, die erste Eisbude öffnete in Helsinki 1936. Woher die Vorliebe für Eis, gerade in einem Land mit so kalten Wintern, kommt, ist allerdings selbst den Experten unklar.

Die Eis-Regale in den Supermärkten übertreffen jedenfalls an Auswahl selbst noch diejenigen, die mit Tiefkühlpizza gefüllt sind. Der Geschmacksreigen geht dabei von zitronigsauer über supersüß bis hin zu lakritz- und salmiak-scharf. Letzteres ist nur was für besonders nordisch ausgeprägte Gaumen. Aber ein Probieren der kalten schwarzen Kugeln lohnt sich in jedem Fall.

Besonders häufig trifft man eine Eisart an, die anderswo so gut wie ausgestorben scheint: Softeis. Kindheitserinnerungen an flirrend heiße Sommertage sind damit verbunden, endlos scheinende Badetage am See, das Anstehen in langen Schlangen am Eisstand und dann endlich die kühlende Erlösung: zart schmelzender Eisschaum, der den gesamten Mundraum ausfüllt. Fast wie ein Zuckerwatte-Wolkenmeer. Softeis hat offenbar für viele Finnen etwas Nostalgisches. Warum sonst gibt es fast alle 500 Meter einen Softeisstand? Ein fest etablierter Kiosk befindet sich direkt am Hafen. Allerdings muss man sich vor den frechen Möwen in Acht nehmen, die ebenfalls auf Süßes stehen und einem das Eis gern mal zu stehlen versuchen.

Zur besseren Verständigung noch schnell ein Blitz-Finnischkurs: Eis heißt *jäätelö*, Softeis *pehmytjäätelö* oder einfach *pehmis*. Vanille und Schokolade gemischt nennt man *pyörremyrsky* (Wirbelsturm).

Adresse Eteläranta, 00170 Helsinki-Kaartinkaupunki, Tel. +358/931023565 | **ÖPNV** S-Bahn 2, 4, 7, Haltestelle Senaatintori | **Öffnungszeiten** Mo–Fr 6.30–18 Uhr, Sa 6.30–16 Uhr, So 10–17 Uhr | **Tipp** Nebenan fahren die Ausflugsschiffe, unter anderem zu den Inseln Suomenlinna und Lonna, ab.

96 Die Sommerbude

Kaffee als Kitt der Gesellschaft

Sommercafés sind ein typisches Markenzeichen von Helsinki. Kleine Buden, die nur die Sommermonate über geöffnet sind und zum kurzen Verweilen einladen. Die einen beim Bummel durch die Stadt locken, kurz stehen zu bleiben, den Beinen eine Verschnaufpause zu gönnen, sich eine Tasse Kaffee zu bestellen und, damit der Magen locker bleibt, noch eine Zimtschnecke dazu oder ein Eis. Oder den siebten Kaffee an diesem Tag zu trinken. Die hoch am Himmel stehende Sonne zu genießen. Die gute Laune einzuatmen, die sich über die ganze Stadt ausbreitet, während man es sich auf verstreut herumstehenden Liegestühlen bequem macht. Oder einfach die Mittagspause zu genießen. So kommen hier regelmäßig die Angestellten aus den umliegenden Büros genauso für einen Snack vorbei wie Bauarbeiter oder S-Bahn-Schaffner. Alle auf der Suche nach dem nächsten Koffein-Kick.

Dieses Sommercafé steht am Ufer der Kaisaniemen-Bucht, die auf der einen Seite von zwei Brücken geteilt wird und dadurch den Eindruck eines kleinen Venedigs erweckt. Das ist zum einen die Pitkäsilta (lange Brücke) und auf der anderen Seite die Brücke Siltavuorensalmi (Bergstraßen-Brücke).

Für die Finnen, die ja bekanntlich so viel Kaffee trinken, sind solche Buden neben den Tankstellen-Kaffeestops ideale Orte für eine gute Kaffeepause. Kaffee ist so etwas wie der Kitt der Gesellschaft. Er gehört zu jeder Lebensphase, zu jeder Situation, zu jeder Art von Geselligkeit. Kaffee ist Lebenselixier, Türöffner, Seelentröster, Pausengetränk, Muntermacher, Anfang und Ende. Der Tag beginnt und endet mit Kaffee. Beziehungen beginnen mit Kaffee, Beerdigungen enden mit Kaffee. Für Kaffee ist immer Zeit. Hinter der kleinen Imbissbude stehlen sich derweil leise die Sonnenstrahlen vorbei, um das Ufer in ein wunderbar sanftes Licht zu tauchen. Die Sonne, die im Sommer nicht schlafen geht. Genauso wenig wie die Menschen.

Adresse Hakaniemenranta 1, 00530 Helsinki-Hakaniemi | ÖPNV Bus 26, Haltestelle Hakaniemi | Öffnungszeiten nur im Sommer täglich 10–18 Uhr | Tipp In Sichtweite befinden sich im Sommer die Summer Sauna – eine schwimmende Sauna – sowie das Restaurantschiff »MS Maria«.

97 Die Sompasauna

Eine kleine Erholungsoase der Marke Eigenbau

Finnland ist das Land der Saunas. Die Finnen lieben ihre Hitzedosis, besonders in Kombination mit der kalten Ostsee. Auf 5,5 Millionen Menschen kommen mehr als drei Millionen Holzkammern. Wer nicht in der Sauna war, war nicht in Finnland. Und wer die Finnen verstehen will, muss mit ihnen in die Sauna gehen. Wer eine Do-it-yourself-Sauna sucht, ist bei der Sompasauna richtig. Wer sie gebaut hat, weiß heute niemand mehr so genau. Auf jeden Fall wurde sie illegal errichtet, mehrfach zerstört und wieder aufgebaut. Mittlerweile ist aber alles legal. Die Sauna hat eine offizielle Genehmigung, allerdings keinen Besitzer. Sie gehört letztlich allen.

Bunt angestrichen, ein wenig ausgeflippt und von vielen Händen mitgestaltet, ist die Sompasauna ein einzigartiges Projekt, ein eigenwilliges Zusammenspiel von Bürgerwillen, autonomen Kräften und Gemeinwohlorientierung. Sie liegt etwas außerhalb vom Stadtzentrum im Bezirk Kalasatama, am Rand eines Freigeländes, das direkt an die Ostsee grenzt. Wer hier in die Sauna will, muss lediglich ein Handtuch, Wasser und Holz mitbringen.

Es gibt keinen Eintritt, keine Duschräume, keine Umkleidekabinen. Hier beruht alles auf gegenseitigem Vertrauen. Es gibt lediglich ein paar Empfehlungen: Halte alles in Ordnung, räume nach dem Saunabesuch auf und nimm deinen Müll wieder mit! In der Ostsee kannst du mit Badesachen schwimmen, du musst aber auch nicht. Achte jedoch darauf, dass du dich nicht weiter als 15 Meter vom Ufer entfernst. Denn es gibt keine Badeaufsicht. Diese Empfehlungen sind keineswegs unfreundlich, nur einfach finnisch-knapp formuliert. Höflichkeitsfloskeln hält man in Finnland für unnötig, zumal es das Wort »bitte« nicht wirklich gibt und Duzen die gängige Form der Anrede ist.

Im Sommer ist die Selbstbedienungs-Sauna rund um die Uhr geöffnet. Im Winter wird eine kleine Sauna für die Öffentlichkeit offen gehalten.

Adresse Sompasaaren laituri, 00540 Helsinki-Kalasatama | ÖPNV Metro M1, M2, Haltestelle Kalasatama | Öffnungszeiten ganzjährig, im Winter nur eine kleine Sauna geöffnet | Tipp Der Bezirk Kalasatama ist stark im Wandel begriffen. In dem ehemaligen Hafenareal entsteht ein ganz neuer Stadtteil für rund 30.000 Menschen.

98_Der sprechende Kanaldeckel

Kunst im öffentlichen Raum

Wer achtet in einer Stadt schon auf Kanaldeckel? Diesen übersieht man leicht. Er ist bei Gott auch nicht der schönste. Bei einem Wettbewerb würde er sicher keinen Pokal gewinnen. Aber er ist vermutlich der einzige weltweit, der sprechen kann.

Ganz schön unheimlich. Eine Stimme aus dem Nichts. Woher kommt sie? Und was erzählt sie? Severy Romsi wohnt hier in der Gegend und läuft täglich am sprechenden Kanaldeckel vorbei. Beim ersten Mal sei es wirklich zum Fürchten gewesen: »Ich wusste nicht, woher die Stimme kommt«, erzählt der Grafik-Designer. In der Nacht sei es für ihn immer noch seltsam, wenn auf dem Heimweg alles um einen herum so still sei und er plötzlich diese Stimme aus dem Gully höre.

Dieser sprechende Gully ist Kunst im öffentlichen Raum von Markku Puustinen. Der Titel: »Mutta minä lähden« – »Aber ich muss jetzt gehen«. So verkündet der Kanaldeckel jeden Tag die Abflüge am Flughafen in Helsinki. Es ist die Originalstimme der Flughafendurchsagen. Eins zu eins übertragen in die Torkkelinkuja. Der Titel vom nahenden Abschied passt gut zur Melancholie, die die Finnen zu allen Jahreszeiten ganz plötzlich überkommen kann. Das zeigt sich etwa auch in den Texten des Finnischen Tangos. Denn da geht es fast immer darum, dass die Liebe so kurz ist wie der Sommer. Das Ende wohnt dem Anfang inne. Und deshalb passt der Abschied gut zur finnischen Seele, die immer schon das Negative erwartet, so gut es einem auch gerade gehen mag.

Nirgends gibt man sich der Melancholie begeisterter und lustvoller hin als in Finnland. Aber die Finnen haben das Beste daraus gemacht. Es wurde zu ihrem Markenzeichen. Und es schützt vor allerlei Ungemach. Wer schwermütig und pessimistisch ist, ist besser vor bösen Überraschungen gefeit. Selbst wenn sie aus einem Gully kommen.

Adresse Torkkelinkuja/Torkelsgränd 22, 00500 Helsinki-Kallio | **ÖPNV** S-Bahn 3, 6, 7 oder 9, Haltestelle Kaarlenkatu, dann 400 Meter zu Fuß | **Öffnungszeiten** ganzjährig, rund um die Uhr | **Tipp** Die holzbeheizte Kotiharjun-Sauna in der Harjutorinkatu 1 ist die älteste öffentliche Sauna der Stadt, in der man auch Massagen, Waschungen und Schröpfungen bekommt.

99 Der Stammtisch der Präsidentin

Wo Tarja Halonen ihren Kaffee trinkt

Helsinkis Märkte unter freiem Himmel sind beliebte und lebhafte Treffpunkte in der Sommerzeit. Mindestens ebenso sehenswert sind die Markthallen der Stadt. Während in der Alten Markthalle am Hafen viele Touristen anzutreffen sind, kauft der Otto Normalfinne am liebsten in der Hakaniemen kauppahalli ein. Die im Stadtteil Hakaniemi gelegene, über 100 Jahre alte Markthalle lockt mit üppig gefüllten Marktständen. Viele kleine Familienunternehmen aus der unmittelbaren Umgebung bieten hier ihre eigenen Produkte an.

Gourmets schätzen vor allem das immense Angebot an frischen Speisen: von Obst und Gemüse über Fleisch und Fisch bis hin zu duftendem Gebäck. Ein kulinarisches Highlight ist die Soppakeittiö, die Suppenküche, in der je nach Saison Lachssuppe, Pilzsuppe oder Rote-Bete-Suppe auf der Speisekarte stehen. Darüber hinaus gibt es auch spezielle finnische Delikatessen wie Bärenfleisch, Rentierfleisch und Muikku, gebratene Zwergmaränen aus der Seenregion Saimaa. Ein Paradies für Feinschmecker.

Im Obergeschoss finden sich Dutzende Geschäfte mit Textilien, Kunsthandwerk, Leder- und Haushaltswaren. Das Highlight aber ist ein Café, das sich einen Namen gemacht hat mit einem ganz besonderen Tisch, der für eine ganz besondere Person reserviert ist: dem Stammtisch der Präsidentin Tarja Halonen (geboren 1943). Bis heute ist sie die einzige weibliche Inhaberin des höchsten Amtes Finnlands. Während ihrer Amtszeit (2000–2012) erfreute sie sich hoher Beliebtheitswerte. Sie engagierte sich sehr für Gleichberechtigung und den Zusammenhalt der nordischen Staaten. Die Finnen mochten sie auch wegen ihrer Bescheidenheit. Ähnlich bescheiden wirkt auch der Stammtisch: ein schlichter Holztisch mit ihrer eingravierten Unterschrift. Falls sie mal auf einen Kaffee vorbeikommt.

Adresse Hämeentie 1a, 00530 Helsinki-Hakaniemi, Tel. +358/93102356, www.hakaniemenkauppahalli.fi | **ÖPNV** Metro M2, Haltestelle Hakaniemi | **Öffnungszeiten** Mo–Fr 8–18 Uhr, Sa 8–16 Uhr | **Tipp** Nur wenige hundert Meter entfernt lohnt sich der Besuch des Kaisaniemi-Parks mit dem Botanischen Garten der Universität, der die größte botanische Sammlung Finnlands in alten, klassischen Gewächshäusern beherbergt sowie vier Hektar Freifläche mit Teichen, Blumen und Kräutergärten bietet.

100 Der Start-up-Campus

Vom Krankenhaus zum Start-up-Hub

130 Jahre lang wurden hier Verbände gewechselt, Infusionen gelegt und Kopfkissen aufgeschüttelt. Im ersten öffentlichen Krankenhaus der Hauptstadt. Hier heilte der erste weibliche Doktor der nordischen Länder Patienten. Doch eines Tages wurden die Betten raus- und Schreibtische und Laptops reingeschoben. Aus dem alten Krankenhaus wurde der größte Start-up-Campus des Landes. 80 verschiedene Start-up-Unternehmen tüfteln hier an neuen Ideen und Produkten.

Einst war es ja Nokia, das Finnland als Land des technologischen Know-hows zu Weltruhm verhalf. Seit dem Niedergang Nokias erobert die Gaming-Industrie diesen Platz, die auch Helsinki zu einem beliebten Tech-Standort macht. Weiteren Auftrieb bekommt diese Entwicklung durch gute Rahmenbedingungen für ambitionierte Start-ups. Die Gebäude gehören zwar der Stadt, aber das gesamte Projekt läuft als Non-Profit-Initiative.

Das spannungsgeladene Knistern der Start-ups ist hier überall spürbar. Da werden zum Beispiel digitale Therapien für die Behandlung von Depressionen entwickelt. Ein anderes Team arbeitet an neuen Online-Abenteuerspielen. Zusammenarbeit wird großgeschrieben. Gerade die Nähe auf dem Campus befruchtet die Entwicklung.

10.000 Quadratmeter sind schon renoviert, später sollen es 32.000 Quadratmeter werden. Das größte Ballungszentrum von Start-up-Unternehmen in den nordischen Ländern. Bis auf die OP-Lampen erinnert nur noch wenig an das alte Krankenhaus.

Auf dem Campus, im Gebäude C15, befindet sich auch das »Starter Restaurant« mit echter Start-up-Atmosphäre. Hier kann man die Entwickler ganz entspannt bei einem Kaffee treffen.

Atte zum Beispiel, der mit seinen Kollegen an einer App bastelt, die für Karaoke so etwas werden soll wie Spotify für die Musik. Es sei anfangs schon merkwürdig gewesen, sein Büro im Herztransplantationsraum zu haben. »Aber wir sind lauter seltsame Leute im Team. Insofern passt es perfekt.«

Adresse Lapinlahdenkatu 16, 00180 Helsinki-Kamppi, Tel. +358/400435315, www.maria.io | ÖPNV Bus 24, Haltestelle Leppäsuonkatu | Tipp In unmittelbarer Nähe, auf der vorbeiführenden Baana, gibt es ein sehenswertes Kunstwerk von Janne Siltanen: »Love Helsinki« besteht aus riesigen rostroten Buchstaben.

101 Der Tatort

Der Polizistenmörder von Helsinki

Die Ecke Kapteeninkatu-Tehdaankatu hat sich tief ins Gedächtnis der Stadt eingebrannt. Denn sie ist untrennbar verbunden mit einem der grauenhaftesten Verbrechen, die die Hauptstadt in ihrer neueren Geschichte verzeichnen musste. An diesen Doppelmord erinnern sich die Helsinkier genauso lebhaft wie andere an die Terroranschläge von New York. Das ganze Land war geschockt. Die Fahnen hingen auf Halbmast. Am Tatort legten die Menschen in den folgenden Tagen ein Meer aus Kerzen und Blumen nieder.

Ein smarter angeblicher Geschäftsmann namens »Mr. Sandwich« tauchte am 22. Oktober 1997 zur Nachtstunde im Hotel Palace auf. Doch Mr. Sandwich war in Wahrheit ein dänischer Berufskrimineller, der sich im Hafturlaub aus dem Staub gemacht hatte. Er bedrohte den Nachtportier, raubte die Hotelkasse mit rund 70 Finnmark (1.177 Euro) und floh zu Fuß.

In dieser Nacht hatten die Polizisten Eero Holsti und Antero Palo Dienst. Eero stand kurz vor der Pension, der 32-jährige Antero war gerade Vater geworden. Sie spürten den Geflüchteten rasch auf – an der Ecke Kapteeninkatu/Tehdaankatu. Doch sie rechneten nicht mit seiner Kaltblütigkeit. Steen Christensen, so sein richtiger Name, eröffnete sofort das Feuer. Beide Polizisten starben noch am Tatort. Nach einer beispiellosen landesweiten Fahndung konnte der Täter wenige Tage später in Hämeenlinna gefasst werden.

Es sei ein Unfall gewesen, verteidigte sich der 33-Jährige später vor Gericht. Doch die Richter sahen in seiner Tat eine eiskalte Exekution, in ihm einen gefährlichen Wiederholungstäter. Einer der seltenen Fälle in der finnischen Kriminalgeschichte, in dem eine lebenslange Strafe verhängt wurde. Die verbüßt Christensen bis heute in Dänemark. Das mediale Interesse an dem Fall und sein gutes Aussehen brachten ihm eine Vielzahl von Liebesbriefen ein. Im Gefängnis heiratete er später eine Finnin, die ein Kind von ihm bekam.

Adresse Ecke Kapteeninkatu/Tehdaankatu, 00140 Helsinki-Ullanlinna | ÖPNV S-Bahn 3, Haltestelle Kapteeninkatu | Tipp Solche und andere Geschichten erzählen die Stadtführer von Green Cap Tours. Sie bieten auch spezielle Themenführungen an. Ihr Markenzeichen: grüne Baseballkappen (www.greencaptours.com).

102 Der Tavastia Klubi

Wo sich Musiklegenden treffen

Wenn sich der Rock-'n'-Roll-König von Finnland die Ehre gibt, dann nur im legendären Club Tavastia. Denn der Tavastia Klubi ist der älteste und ehrenwerteste Platz für Rock in ganz Helsinki. Hier aufzutreten kommt einem Ritterschlag gleich. Remu kennt diese Bühne seit einem halben Jahrhundert. Der Schlagzeuger geht auf die 70 zu, doch nicht erst seit den Rolling Stones wissen wir ja, dass Alter im Rock 'n' Roll relativ ist. Remu ist bekannt für seine Drei-Akkord-Songs und dafür, dass es mit seiner englischen Aussprache aufgrund seines finnischen Akzents nicht so weit her ist. Um sich die dauernden Hänseleien zu ersparen, begann er irgendwann, eine Nonsens-Sprache zu entwickeln, deren Laute nichts bedeuten, aber wie Englisch klingen. Damit landete er sogar mehrere Hits. Dr. Feelgood wollte ihn engagieren, doch Remu blieb lieber in Finnland. Heute ist er der große alte Mann des Rock 'n' Roll und gibt sich gemeinsam mit anderen großen Namen auf der Bühne die Ehre. An diesem Abend spielt er zusammen mit Michael Monroe, einer in Helsinki geborenen Rocklegende, die in New York zahlreiche Erfolge gefeiert hat.

Den Tavastia Klubi gibt es schon seit 1931. Damals gehörte er einer Studentenorganisation und war ein Tanzplatz für junge Leute. Erst in den 1970er Jahren wurde das Tavastia der Ort für Rockmusik. Tom Waits spielte hier, Nick Cave oder auch die Foo Fighters.

Seit 40 Jahren gehen die Stars bei Tavastia-Chef Juhani Merimaa ein und aus. Das Rentenalter hat auch er längst erreicht, Tausenden Musikern die Hand geschüttelt und die Gage ausbezahlt. »Weder das Alter noch die lauten Konzerte stören mich. Ich arbeite so lange, wie ich mich gut fühle«, sagt Juhani und präsentiert den Backstage-Bereich: bis zur Decke bemalte Wände, Sprüche, Autogramme, Plakate. Hunderte Musiker sind hier schon die Treppen rauf- und runtergelaufen. Wie Remu und Michael Monroe.

Adresse Urho Kekkosen Katu 4–6, 00100 Helsinki-Kamppi, Tel. +358/977467420, www.tavastiaklubi.fi | ÖPNV S-Bahn 7, Haltestelle Simonkatu | Öffnungszeiten So–Do 20–1 Uhr, Sa 20–4 Uhr, Einlass ab 18 Jahren | Tipp Gleich nebenan befindet sich das Café Ilves, in dem man zu jeder Tageszeit Kaffee sowie ein paar Kleinigkeiten zu essen bekommt.

103 Das Trendlokal Shelter

Ein Schutzraum für neue Food-Trends

Das ehemalige Lagerhaus mit seiner wunderschönen alten Backsteinfassade liegt malerisch am Hafen von Katajanokka, in dem majestätische alte Segelschiffe ankern. Das historische Gebäude wurde behutsam renoviert und bietet nun Gestrandeten, Matrosen, Ausgeflippten und Hungrigen Schutz. So erklärt sich zumindest der Name des absolut trendigen Restaurants.

Vieles im schummrig gehaltenen »Schutzraum« erinnert noch an alte Zeiten: alte Hafenlampen, dicke Seile, dunkles Holz. Im Shelter kocht einer der besten und bekanntesten Köche Finnlands, Teemu Laurell. Mit nur 26 Jahren hat er 2012 die »Top Chef«-Kochshow und damit 25.000 Euro Preisgeld gewonnen – eine finnische Version eines amerikanischen Fernsehformats, bei dem Profiköche gegeneinander antreten und ihre Gerichte von einer Jury beurteilt werden.

2016 übernahm er das Restaurant Shelter, und seitdem kocht er hier mit lückenlos tätowierten Armen und runder Nickelbrille. Kochen ist für ihn Handwerk. Eine Kunst, bei der man nie auslernt. Er reist viel herum und lässt sich von neuen Einflüssen inspirieren. So landen in seinem Topf auch thailändische oder australische Einflüsse. »Man muss immer sehen, was abgeht, sich von neuen Aromen begeistern lassen. Nur dann kann man neue Gerichte kreieren«, sagt Teemu. Zugleich bleibt er seinen Wurzeln treu: Vornehmlich finnische Produkte kommen auf den Herd beziehungsweise auf den Teller. Liebhaber guten Essens und Freunde innovativer Gaumenfreuden kommen hier sicher voll auf ihre Kosten.

Für den letzten Schliff als hippes Trendlokal sorgen Wiljakainen & Tolin mit ihren Kunstwerken und Wandmalereien. Komplettiert wird der Eindruck durch Geschirr, das nur für dieses Lokal von der Keramikerin Karoline Tuovinen designt wurde. Und mit etwas Glück begegnet man vielleicht sogar einem weiteren Star. Samu Haber, Sänger von Sunrise Avenue, schaut hier manchmal bei seinen Freunden vorbei.

Adresse Kanavaranta 7, 00170 Helsinki-Katajanokka, Tel. +358/9666118, www.shelter.fi | **ÖPNV** S-Bahn 5, Haltestelle Kauppiaankatu | **Öffnungszeiten** Di–Sa 17–23 Uhr | **Tipp** Gleich nebenan finden Sie die Bar Rusty, die Cocktails und Vintage-Musik bietet. Ab und zu spielen auch Live-Bands.

104 Die trockene Meeresbucht

Fassbare Geschichte unter den Füßen

Kaum vorstellbar, dass hier in der Haupteinkaufsstraße von Helsinki vor 200 Jahren noch Wasser war. Tatsächlich lag ein Großteil von Kluuvi ursprünglich unter Wasser und bildete eine schmale Meeresbucht, auf Finnisch Kluuvinlahti. Der schwedische Name Gloet bezeichnet eine Bucht, die durch Landhebung oder durch angesammelten Schlamm und Schilf allmählich zuwächst. Und genau so war es auch: Im Mittelalter war das östlich von Kluuvi liegende Gebiet (das heutige Kruununhaka) noch eine Insel. Aus alten Quellen weiß man, dass die Bucht um 1640 schon teilweise zugewachsen war.

Die sumpfige und zudem noch als Müllhalde benutzte Bucht wurde allmählich zu einem Gesundheitsproblem für die Stadt. Im frühen 19. Jahrhundert wurde beschlossen, sie endgültig zuzuschütten. Massive Sandtransporte waren nötig, das Projekt dauerte Jahrzehnte. Weil der Erdboden in Kluuvi somit künstlich aufgeschüttet ist und auf einer ehemaligen Wasserfläche liegt, ist er weicher als anderswo. Die Fundamente sämtlicher Bauwerke mussten durch umfangreiche Pfahlbauten gesichert werden. Beim Bau der Metro musste der Boden sogar während der Bauarbeiten künstlich eingefroren werden.

Bis heute kann man manchmal spüren, wie weich der Boden ist: Wie ein leichtes Beben fühlt es sich an, wenn etwa die Straßenbahn vorbeifährt. Wo früher die Küstenlinie verlief, zeigen heute Kupferplatten im Boden an. Das Kunstwerk »Die Fossilien von Kluuvinlahti« von Tuula Närhinen erzählt die Geschichte der getrockneten Meeresbucht und der Lebewesen und Pflanzen, die hier einst heimisch waren. Zugleich eine mahnende Erinnerung an die Vergänglichkeit der Stadt.

Noch im 19. Jahrhundert bekamen die Menschen hier bei gelegentlichen Überschwemmungen nasse Füße. Heute haben es die Füße besser: Bei der letzten Straßensanierung wurde eine Heizung installiert, die den Gehweg im Winter eis- und schneefrei hält.

Adresse Aleksanterinkatu, 00100 Helsinki-Kluuvi | ÖPNV S-Bahn 4, Haltestelle Aleksanterinkatu | Öffnungszeiten ganzjährig, rund um die Uhr | Tipp Achten Sie auch auf die Fassaden. Hier finden Sie schöne Beispiele finnischen Jugendstils. In der nahe liegenden Keskuskatu hat sich Finnlands berühmtester Architekt Alvar Aalto mit dem Rautatalo und der Akademischen Buchhandlung verewigt.

105 Die Trollinsel

Die Freiluftkirche der Trolle im grünen Dschungel

Man nennt sie auch die grüne Insel. Und tatsächlich fühlt man sich ein wenig wie im nordischen Dschungel. Boreale Wälder. Bäume, die umfallen, bleiben einfach liegen und werden irgendwann wieder eins mit dem Boden. Gräser, Farne und Moose, die den Waldboden überwuchern. Kleine Trampelpfade und Holzbohlen, die über die sumpfigen Gebiete führen. Ein 82 Hektar kleines Paradies für heimische Tiere, aber auch für Outdoorfans und Naturliebhaber. Als wäre man zwischen die Seiten eines nordischen Kinderbuches geplumpst. Mit wunderschönen Aussichten aufs Meer. Immer wieder hebt sich der felsige Boden zu erhabenen Hügeln. Man kraxelt einfach querfeldein, und oben angekommen überrascht einen das Panorama immer wieder neu. Die höchsten Punkte liegen 30 Meter über dem Meeresspiegel.

Beim Stromern durch die Wälder sollte man achtgeben und die Augen offen halten: Auf der Insel soll es definitiv Trolle geben. Davon zeugt die Trollkirche mit einem Holzkreuz an einer Felsenwand. Davor stehen ein Altar sowie niedrige, einfache Bänke aus unbehandelten Hölzern und Ästen. In der Nähe findet sich auch ein aus Steinen gelegtes Labyrinth. Tonttukirkko, also Wichtel- oder Elfenkirche, nennen die Finnen diese Freiluftkirche.

Trolle haben in der finnischen Mythologie einen festen Platz. Häufig sind sie als wilde Bestien verschrien, aber es soll auch sehr nette Waldtrolle geben, die in kleinen Höhlen zwischen den Bäumen leben und hier ihre Gottesdienste abhalten. Hiisi zum Beispiel ist ein Troll aus dem Nationalepos Kalevala. Er wohnt an versteckten Orten im Wald und gilt als Zähmer der wilden Tiere. An Hiisi erinnern heute noch viele Ortsnamen, die mit Hiiden, also der Genitivform, beginnen.

57 sehenswerte Holzvillen aus dem 19. Jahrhundert verteilen sich auf dem Weg vom Anleger bis weit in die Insel hinein. Sie sind auch vorübergehende Heimstatt für Künstler des Residents-Art-Projekts.

Adresse Vartiosaari, Helsinki-Vartiosaari, www.vartiosaari.fi | ÖPNV Fährtaxis ab Hafen Hakaniemi und Herttoniemi, im Sommer mehrfach täglich, alternativ per Kajak | Öffnungszeiten ganzjährig, rund um die Uhr | Tipp Die Insel Vartiosaari rühmt sich, das kleinste und süßeste Café von Helsinki zu haben, bestehend aus nur einer kleinen gelben Hütte. Hängematten und blanke Felsen laden zum Verweilen ein.

106 Das Urho-Kekkonen-Denkmal

Der Meister im Standhochsprung

Angeblich lernten die Kinder damals in der Schule: Unser Land heißt Finnland. Unser Präsident heißt Urho Kaleva Kekkonen und wird alle sechs Jahre neu gewählt.

Über Jahrzehnte prägte Kekkonen (1900–1986) die finnische Politik, zunächst als Minister, dann als Ministerpräsident und schließlich über ein Vierteljahrhundert als Präsident (1956–1982). Als achter Präsident Finnlands betrieb er aktive Aussöhnungspolitik mit der Sowjetunion und überzeugte die Supermacht, dass Finnland zuverlässig und neutral sei. Dieser diplomatische Erfolg bei der Konferenz über Sicherheit und Zusammenarbeit in Europa 1975 in Helsinki gilt als politischer Höhepunkt seiner Amtszeit. Doch nicht nur politisch, auch sportlich hatte Kekkonen einiges vorzuweisen. So wurde er 1924 finnischer Meister im Standhochsprung. Zudem galt er als guter 100-Meter-Läufer und Skifahrer.

Das Denkmal trägt den Titel »Quelle« und wurde vom Künstler Pekka Jylhä entworfen. Es steht im Hakasalmi-Park und wurde zu Ehren von Kekkonens 100. Geburtstag errichtet. Vier bronzene Hände sind an acht Meter hohen, schlanken Pfosten angebracht. Darunter ein Stahlbassin, dessen Wasser immerwährend in Bewegung ist. Dank besonderer Technik gefriert das Wasser auch im Winter nicht. Die Hände symbolisieren Kekkonens Denken und Führungsstil. Er schrieb übrigens ausschließlich mit der Hand.

Bis heute wird Kekkonen von vielen Finnen verehrt, auch wenn sein Führungsstil machtbewusst und mit zunehmendem Alter autoritär war. Er verkörperte typisch finnische Eigenschaften und brachte dem Land, das nach dem Krieg gebeutelt und durch Reparationszahlungen an Russland in die Knie gezwungen worden war, wieder Wohlstand und Stabilität. Kekkonen starb 1986 und ist auf dem Hietaniemi-Friedhof beerdigt (siehe Ort 30).

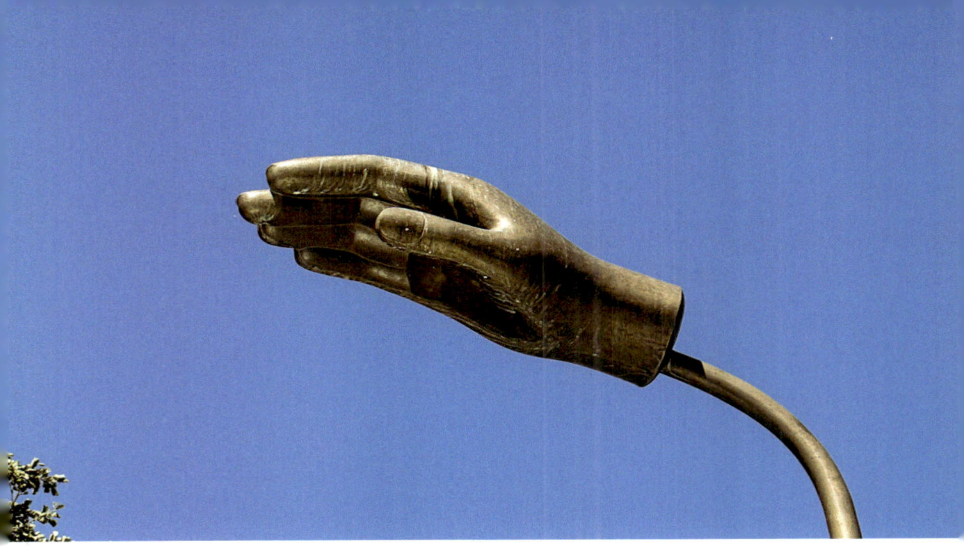

Adresse Mannerheimintie 36, 00101 Helsinki-Töölö, www.pres.fi/kekkonen | ÖPNV S-Bahn 4, Haltestelle Kansallismuseo | Öffnungszeiten ganzjährig, rund um die Uhr | Tipp Wer mehr über Kekkonen wissen will, dem sei das Kekkonen-Museum empfohlen, das sich in der Tamminiemi-Villa in Meilahti befindet. Die Villa war offizielle Residenz während seiner Amtszeit, ist im Stil der 1970er Jahre eingerichtet und somit auch ein schönes Zeugnis des damaligen Einrichtungsstils (Seurasaarentie 15).

107 Der Väinämöisen-Park

Lieblingsplatz des populärsten Deutschen Finnlands

Mehr Helsinki geht kaum. Mitten in der Stadt und doch zugleich mitten in der Natur und ganz nah am Meer. »Hier auf dieser kleinen grünen Erhebung mit den Felsen lässt es sich im Sommer gut aushalten«, sagt Roman Schatz, Journalist und Vorzeige-Deutscher in Finnland. Im Sommer wird hier fröhlich gegrillt, manch einer spielt Gitarre, man sitzt zusammen und hat einfach eine gute gemeinsame Zeit. »Ein campuspark-ähnliches Idyll«, schwärmt Schatz. Zum Abkühlen geht es nur wenige Meter runter zum Hietaniemenranta, dem beliebtesten Strand der Stadt.

Ohnehin seien die Natur und die Elemente hier, in der zweitnördlichsten Hauptstadt der Welt, omnipräsent. In Helsinki lag die tiefste je gemessene Temperatur bei minus 34,2 Grad. Das habe radikale Auswirkungen auf das gesamte Leben. »Wer da nicht richtig angezogen ist, kann einfach sterben. Das muss man sich mal klarmachen.«

Schatz (geboren 1960) ist in Konstanz am Bodensee aufgewachsen und mit 25 Jahren der Liebe wegen nach Finnland ausgewandert. Heimat, das ist für Schatz Helsinki. Hier hat er mehr Zeit seines Lebens verbracht als anderswo. Hier leben seine drei Kinder. Die Finnen kennen seine Stimme aus dem Radio, sein Gesicht aus dem Fernsehen, seine Worte aus Kolumnen. Dem deutschen Publikum bringt er Finnland in Büchern und Zeitungsartikeln näher. Und er wird nicht müde, die Unterschiede zwischen beiden Kulturen herauszuarbeiten. Erklärt, begründet, ergänzt, während die Hände seine Worte unterstreichen.

Einer der größten Unterschiede und vielleicht auch eines der größten Missverständnisse zwischen Finnen und Deutschen sei das Verständnis von Nationalbewusstsein. Stolz zu sein auf sein Land, die Landesfahne zu schwenken ist für einen Finnen selbstverständlich. Als Deutscher stehe man mit solchem Verhalten jedoch rasch in der ganz rechten Ecke.

Weitere Unterschiede? »Der Deutsche flucht anal, der Finne genital.«

Adresse Väinämöisenkatu, 00100 Helsinki-Etu/Töölö | **ÖPNV** S-Bahn 2, Haltestelle Sammonkatu | **Öffnungszeiten** ganzjährig, rund um die Uhr | **Tipp** Die coolste Kneipe mit den coolsten Leuten der Stadt ist für Roman Schatz das Favela (Mechelininkatu 13).

108 Das verlassene Silo

Ein herrlich einsamer Ort

Die Wände zerschmettert. Die Fenster zerbrochen. Das Gebäude seit Jahren leer. Vergeblich auf einen neuen Besitzer wartend. Der Geruch von frisch gebackenem Brot längst vergangen. Neun Stockwerke, heimgesucht von Graffiti-Sprayern. Fast störrisch scheint sich das letzte erhaltene Silo, eingesperrt zwischen all den anderen Backsteingebäuden, gegen den Himmel zu stemmen. Mittlerweile wurden alle Zugänge versperrt, zur Spitze des ehemaligen Silogebäudes der Helsingin Mylly Oy kann man nicht mehr klettern. Dabei böte sie einen verstörend schönen Ausblick auf die Stadt.

Was bleibt, sind die im Verfall befindlichen Erinnerungen an die Industriegeschichte des 19. Jahrhunderts, und dieses Silo legt ein bedeutsames Zeugnis davon ab. Die industrielle Entwicklung beginnt an diesem Ort schon 1898. Gottfried Strömberg errichtete hier das erste Fabrikgebäude, um Elektrogeräte herzustellen. 1933 wechselte der Besitzer, die Helsinki Mylly und Kauppa Oy kauften die Liegenschaften. Noch bis 1992 wurde hier Mehl gemahlen und fast 60 Jahre lang Brot gebacken. Brot ist ein wesentlicher Bestandteil der finnischen Küche, insbesondere *ruisleippä*, das dunkle Roggenbrot, wird zu jeder Mahlzeit gereicht.

Zur damaligen Zeit gab es keine großen Handelsmühlen im Großraum Helsinki. Bis in die 1930er Jahre war Finnland praktisch völlig von importiertem Weizen abhängig.

Das ehemals anmutige Silogebäude wurde Anfang der 1940er Jahre errichtet und umfasste damals 34 Silos, die mehr als 24 Meter in die Luft ragten. Heute sind nur mehr Fragmente davon übrig. Mittlerweile stehen sie unter Denkmalschutz.

In den nächsten Jahren soll in diesem Bereich die Akademie der Bildenden Künste einen neuen Platz finden. Das Silo soll dann in einen Neubau integriert werden und so als Symbol der Industriegeschichte des vergangenen Jahrhunderts in der Metropole erhalten bleiben.

Adresse Sörnäisten Rantatie 19, Kaikukatu 5, 00101 Helsinki-Sörnäinen | ÖPNV Bus 71, Haltestelle Haapaniemi | Tipp Gleich nebenan befindet sich die Universität der Bildenden Künste. Dort finden auch zahlreiche öffentliche Veranstaltungen und Workshops statt.

109 Der verrückte Antikladen

Eintauchen in eine andere Zeit

Ein Flugzeug aus den 1950er Jahren, Stoffaffen mit blinkenden Augen, die grundlos vor sich hintrommeln und Seifenblasen in die Luft pusten, Spielkarten mit Elvis-Konterfei. »Wir haben alles, was alt, komisch oder verrückt ist«, sagen Mike und Tom, die Betreiber des Ladens, übereinstimmend und nicht ohne Stolz. »Nicht nur die Dinge, die wir verkaufen, auch wir selbst werden jeden Tag ein bisschen älter und verrückter«, schiebt Tom lachend nach, der mit seinen Cowboystiefeln, dem karierten Flanellhemd und der 50er-Jahre-Tolle aussieht, als sei er gerade von seiner schweren Harley gestiegen. Oder mit dem Pferd aus der staubigen Prärie gekommen.

Um in die Welt von Weird Antiques einzutauchen, steigt man über eine Laderampe in der Tyynenmerenkatu. Als würde man durch eine Zeitschleuse rutschen, betritt man nicht nur eine alte Lagerhalle, sondern befindet sich augenblicklich in einer anderen Welt und einer anderen Zeit. Fast ist man versucht, sich nach der laufenden Kamera umzuschauen, denn jede Abteilung wirkt wie eine perfekte Filmkulisse. Als würde man durch die goldenen Kinojahre stolpern, von »Frühstück bei Tiffany« zu »Easy Rider« switchen und von da in »Manche mögen's heiß« platzen. Oder umgekehrt.

Alte, chromblitzende Motorräder, vergilbte Comics, eine noch funktionstüchtige Trockenhaube aus einem Friseurladen neben schrill-bunten Hawaiihemden, Vitrinen voller archäologischer Knochenfunde und Zahnarztbesteck. Kaum geht man um die Ecke, befindet man sich in den 50er und 60er Jahren. Elvis-Schallplatten, Filmplakate und Elvis-Imitate in Glasvitrinen schreien einen regelrecht an, und passende Lampen aus der Zeit gibt es gleich dazu.

Mike und Tom suchen weiter nach Dingen, die scheinbar kein Mensch mehr braucht. Oder noch niemand gefunden hat. Ein schrullig-schräger Laden in der Nähe des Westhafens und doch so versteckt, dass er ein Geheimtipp ist.

Adresse Tyynenmerenkatu 6, 00220 Helsinki-Jätkäsaari, Tel. +358/400435315, www.weirdantiques.fi | **ÖPNV** S-Bahn 9, Haltestelle Huutokonttori | **Öffnungszeiten** Fr, Sa 12–18 Uhr | **Tipp** Gegenüber befindet sich ein nepalesisches Restaurant namens Mount Kailash (Tyynenmerenkatu 5, www.mountkailash.fi).

110 Das Villenviertel

Der Traum von der klassenlosen Gesellschaft

Das Viertel Kulosaari – auf Schwedisch Brändö – beeindruckt vor allem durch die alten Holzvillen, die versteckt hinter Hecken und Zäunen hervorblitzen. Ein Spaziergang durch die Straßen der Wohngegend lohnt sich vor allem wegen des manchmal leicht maroden Flairs. Hier riecht man förmlich die gute alte Zeit. Hoch aufragende, mehrstöckige Holzhäuser mit weißen Fensterrahmen und bunten Blumen vor den Fenstern.

Noch vor gut 100 Jahren sah es hier ganz anders aus. Bis 1907 war die Insel Kulosaari nämlich gänzlich unbewohnt. Erst der Geschäftsmann Allan Granfelt (1872–1947) erweckte sie zum Leben, als er sie von einem Freiherrn erwarb. Zusammen mit Architekten und Ingenieuren gründete er die Brändö-Gesellschaft, deren Zweck es war, eine bessere Wohngegend mit Villen und Gärten zu schaffen. Die Architekten entwarfen einen Villenvorort nach dem Vorbild der englischen Gartenstadt. Schon fünf Jahre später waren rund 50 Villen errichtet.

Bis 1917 war die 1,8 Quadratkilometer große Insel nur mit Booten erreichbar. Dann wurde eine erste Brücke Richtung Osten errichtet. Eine Straßenbahn gab es auch schon recht früh, allerdings musste sie jeweils mit einem Schiff zur Insel übersetzen. In den 50er Jahren des vergangenen Jahrhunderts bekam Kulosaari dann massive Betonbrücken und einen Zugang zur Metrolinie.

Die Geschichte des Viertels ist ein interessantes Kapitel der finnischen nationalromantischen Architektur und der semi-urbanen Entwicklung. Heute wird Kulosaari in der Mitte von einer der belebtesten Autobahnen Finnlands durchschnitten. Das idealistische, ruhige Dorfleben ist längst vorbei. Ziel von Allan Granfelt vor mehr als 100 Jahren war, eine moderne Gesellschaft zu schaffen, die sich über die städtischen Klassenunterschiede hinwegsetzt. Aus dem Traum wurde wohl nichts. Zumindest ist überliefert, dass Allan Granfelt den Spitznamen Brändö-Kaiser bekam.

Adresse Kulosaarentie, 00570 Helsinki-Kulosaari | ÖPNV Metro M 1, 2, Haltestelle Kulosaari, Bus 16 und 86N, Haltestelle Marsalkantie | Öffnungszeiten ganzjährig, rund um die Uhr | Tipp Das alte Casino von Kulosaari lohnt einen Blick und bietet außerdem eine grandiose Aussicht auf den Finnischen Meerbusen.

111 Das Vogelparadies

Die Geburtsstätte Helsinkis

Der Dunkellaubsänger aus Ostasien ist die jüngste Art, die hier entdeckt wurde. Insgesamt wurden schon stolze 300 Vogelarten in diesem Gebiet gesichtet. Vanhankaupunginlahti (Altstadtbucht) ist einer der berühmtesten und reichhaltigsten Vogellebensräume in ganz Finnland. Kaum ein anderer Platz eignet sich so gut für einzigartige Vogelbeobachtungen.

Zu allen Jahreszeiten kann man hier außergewöhnliche Vögel sichten. Im Frühjahr und im Herbst ruhen Zehntausende Wasservögel in der Bucht. Auf ihrem Weg von den arktischen Regionen in wärmere Gefilde oder umgekehrt. Gänse, Schwäne, Spechte bauen ihre Nester in den weitläufigen Feuchtgebieten. Mehrere Dutzend Reiher nisten in dem Naturschutzgebiet, Falken und Eulen drehen hier ebenfalls ihre Runden.

Holzplankenwege führen mitten hinein in dieses Vogelparadies. Und obwohl es nur 15 Minuten vom Stadtzentrum entfernt ist, ist die Hektik des Stadtlebens meilenweit weg. Auf den sechs Beobachtungstürmen kann man nicht nur das Treiben der Vögel und ihre vielstimmigen Gesänge, sondern auch die Panorama-Aussicht genießen. Auf der Naturschutzinsel Lammasaari hat man mit etwas Geduld das Glück, dass Meisen einem die Körner aus der Hand fressen. Es lohnt sich auf jeden Fall, Gummistiefel anzuziehen.

Der Naturpfad führt auch zum Viikki Arboretum, einem 20 Hektar großen Waldpark mit über 300 Baumarten. Die Lungen mit Waldluft füllen, dem Rauschen der Blätter zuhören, dem Zwitschern der Vögel lauschen und einfach still sein und staunen.

Vanhankaupunginlahti ist aber noch aus einem zweiten, vielleicht sogar wichtigeren Grund erwähnenswert: Hier liegt nämlich der Geburtsort Helsinkis. Hier am Vantaanjoki (Vantafluss) gründete Gustav Vaasa die Hauptstadt im Jahre 1550. Damals war die Region noch sehr landwirtschaftlich geprägt, und dieses ländliche Aussehen hat sich Vanhankaupunginlahti bis heute erhalten.

Adresse Jokisuuntie, 00560 Helsinki-Vanhakaupunki | ÖPNV Bus 57, Haltestelle Viikinranta | Öffnungszeiten ganzjährig, rund um die Uhr | Tipp Auf einer Insel im Vantaanjoki (Viikintie 1) befindet sich das Technische Museum inklusive Kraftwerksmuseum, es ist das einzige Universalmuseum für Technik Finnlands. Donnerstags ist der Eintritt frei.

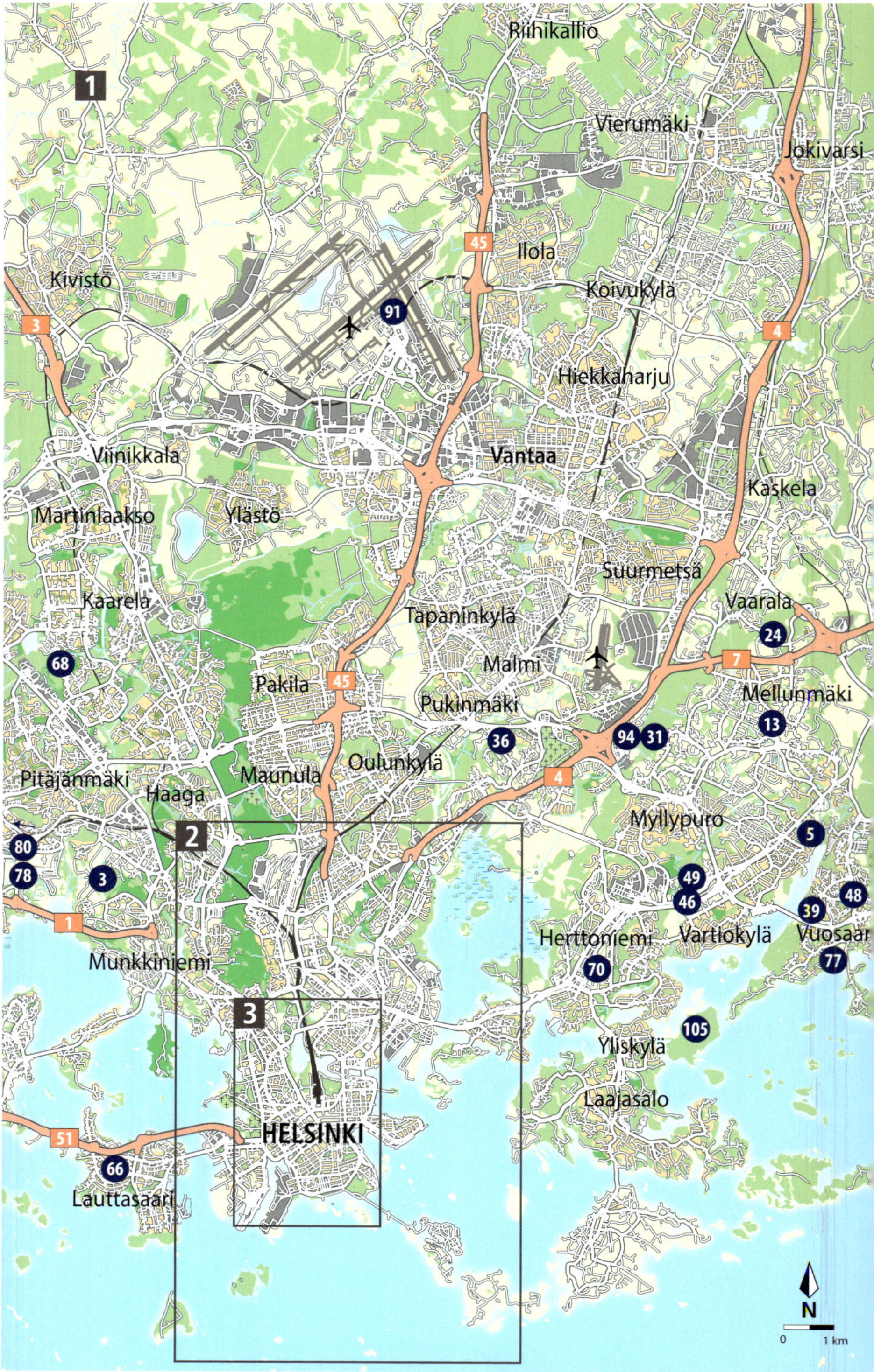

1
2
3
Riihikallio
Vierumäki
Jokivarsi
Ilola
Koivukylä
Kivistö
Hiekkaharju
Viinikkala
Vantaa
Kaskela
Martinlaakso
Ylästö
Suurmetsä
Kaarela
Tapaninkylä
Vaarala
Malmi
Pakila
Mellunmäki
Pukinmäki
Oulunkylä
Maunula
Pitäjänmäki
Haaga
Myllypuro
Herttoniemi
Vartiokylä
Vuosaar
Munkkiniemi
Yliskylä
Laajasalo
HELSINKI
Lauttasaari
45
3
4
7
1
51
91
68
24
13
36
94
31
5
80
78
49
46
48
39
77
70
105
66
N
0
1 km

Metsälä
Koskela
Viikinranta
2
111
Käpylä
Pohjois-Pasila
Vanhakaupunki
Kivihaka
17
73
Toukola
41
Ruskeasuo
Keski-Pasila
Kumpula
Länsi-Pasila
Itä-Pasila
Vallila
Hermanni
2
44
Laakso
Alppila
52
Meilahti
Alppiharju
Hermanninmäki
93
3
Harju
Kulosaari
Kalasatama
110
Taka-Töölö
Sörnäinen
53
Linjat
Kallio
6
89
60
97
Merihaka
12
Etu-Töölö
Kluuvi
HELSINKI
65
Lapinlahti
45
Kamppi
Kaartinkaupunki
Katajanokka
62
Ruoholahti
Punavuori
Lautta-
saari
Ullanlinna
Kaivopuisto
Eira
47
Jätkäsaari
64
Suomenlinna
N
0
300 m

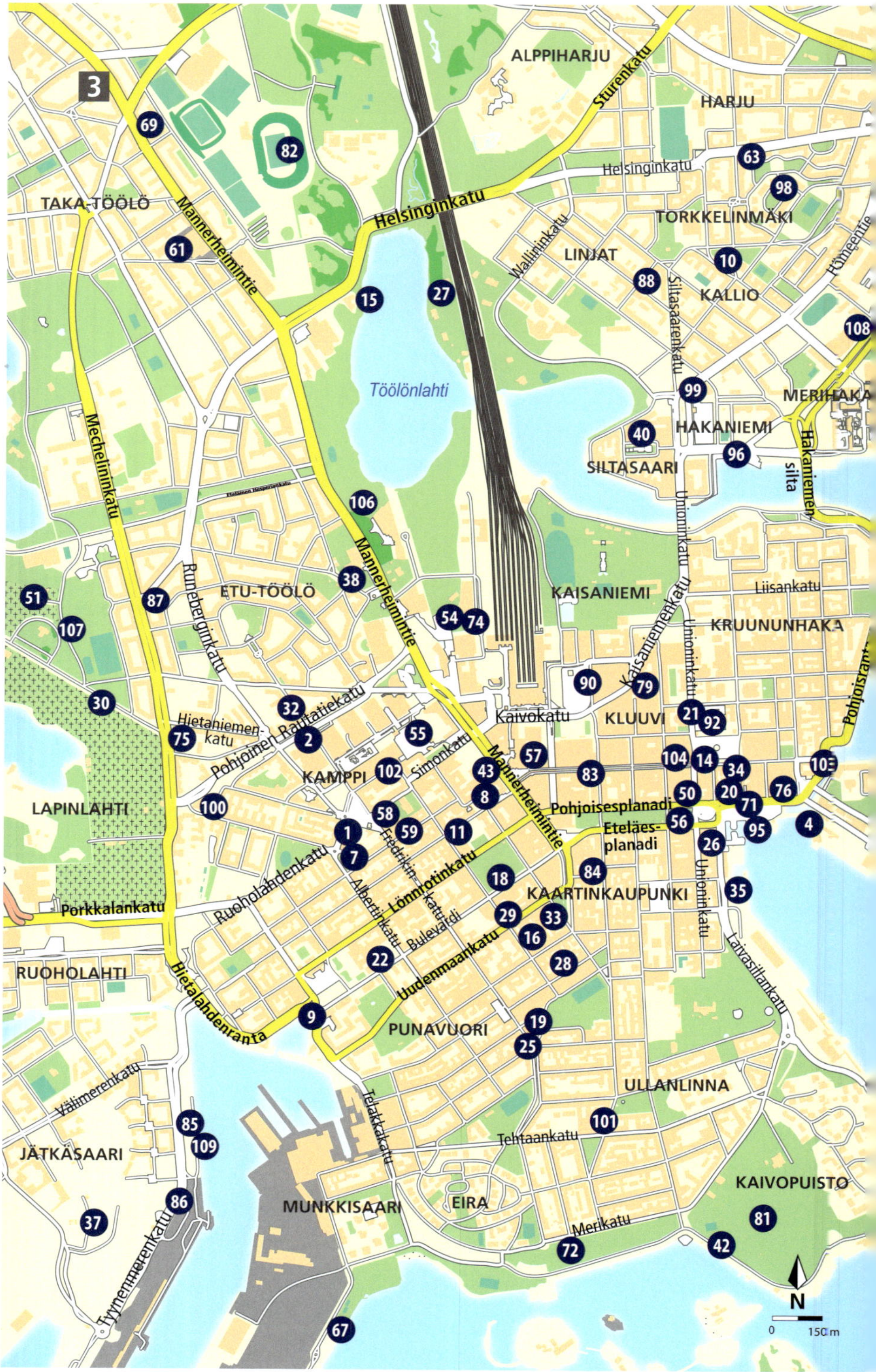
3
ALPPIHARJU
HARJU
Sturenkatu
Helsinginkatu
TORKKELINMÄKI
LINJAT
Wallininkatu
KALLIO
Siltasaarenkatu
Hämeentie
TAKA-TÖÖLÖ
Mannerheimintie
Töölönlahti
MERIHAKA
HAKANIEMI
SILTASAARI
Hakaniemen silta
Mechelininkatu
Unioninkatu
ETU-TÖÖLÖ
KAISANIEMI
Liisankatu
Runeberginkatu
Kaisaniemenkatu
KRUUNUNHAKA
Pohjoisranta
Pohjoinen Rautatiekatu
Hietaniemenkatu
Kaivokatu
KLUUVI
KAMPPI
Simonkatu
LAPINLAHTI
Pohjoisesplanadi
Eteläesplanadi
Fredrikinkatu
Ruoholahdenkatu
Lönnrotinkatu
Albertinkatu
Bulevardi
KAARTINKAUPUNKI
Porkkalankatu
RUOHOLAHTI
Uudenmaankatu
Laivasillankatu
Hietalahdenranta
PUNAVUORI
ULLANLINNA
Välimerenkatu
Telakkakatu
Tehtaankatu
JÄTKÄSAARI
KAIVOPUISTO
MUNKKISAARI
EIRA
Merikatu
Tyynenmerenkatu
N
0
150 m
1 2 4 7 8 9 10 11 14 15 16 18 19 20 21 22 25 26 27 28 29 30 32 33 34 35 37 38 40 42 43 50 51 54 55 56 57 58 59 61 63 67 69 71 72 74 75 76 79 81 82 83 84 85 86 87 88 90 92 95 96 98 99 100 101 102 104 106 107 108 109

Jan Gralle, Vibe Skytte,
Kurt Rodahl Hoppe
111 Orte in Kopenhagen, die man gesehen haben muss
ISBN 978-3-7408-0243-1

Christiane Bröcker,
Babette Schröder
111 Orte in Stockholm, die man gesehen haben muss
ISBN 978-3-95451-203-4

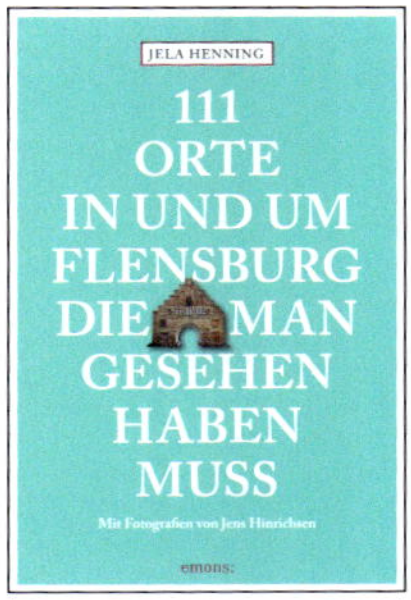

Jela Henning, Jens Hinrichsen
111 Orte in und um Flensburg, die man gesehen haben muss
ISBN 978-3-7408-0241-7

Kai Oidtmann
111 Orte in Island, die man gesehen haben muss
ISBN 978-3-95451-829-6

Norbert Ney, Sonja Bergot
111 Orte in Ostfriesland, die man gesehen haben muss
ISBN 978-3-95451-828-9

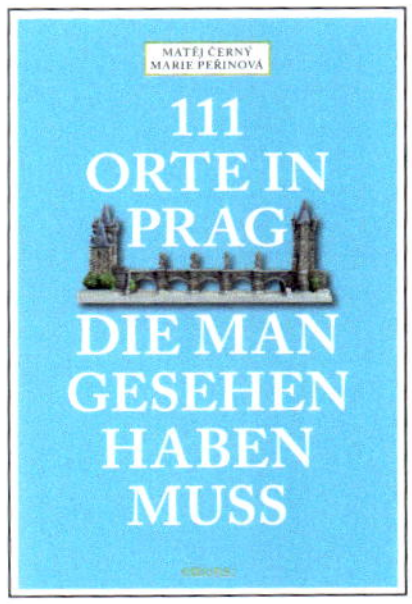

Matěj Černý, Marie Peřinová
111 Orte in Prag, die man gesehen haben muss
ISBN 978-3-95451-927-9

Sybil Canac, Renée Grimaud,
Katia Thomas
111 Orte in Paris, die man gesehen haben muss
ISBN 978-3-95451-847-0

Frank McNally, Róisín McNally
111 Orte in Dublin, die man gesehen haben muss
ISBN 978-3-95451-853-1

Dorothee Fleischmann,
Carolina Kalvelage
111 Orte in Budapest, die man gesehen haben muss
ISBN 978-3-95451-744-2

Jochen Reiss
111 Orte in Kiel, die man gesehen haben muss
ISBN 978-3-95451-705-3

Andrea Livnat, Angelika Baumgartner
111 Orte in Tel Aviv, die man gesehen haben muss
ISBN 978-3-95451-703-9

Giulia Castelli Gattinara, Mario Verin
111 Orte in Mailand, die man gesehen haben muss
ISBN 978-3-95451-617-9

Sina Beerwald
111 Orte auf Sylt, die man gesehen haben muss
ISBN 978-3-95451-511-0

Annett Klingner
111 Orte in Rom, die man gesehen haben muss
ISBN 978-3-95451-219-5

John Sykes, Birgit Weber
111 Orte in London, die man gesehen haben muss
ISBN 978-3-95451-117-4

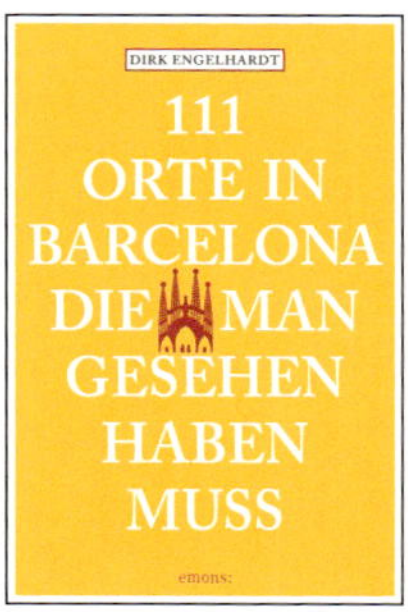

Dirk Engelhardt
111 Orte in Barcelona, die man gesehen haben muss
ISBN 978-3-95451-066-5

Karl Haimel, Peter Eickhoff
111 Orte in Wien, die man gesehen haben muss
ISBN 978-3-89705-969-6

Rike Wolf
111 Orte in Hamburg, die man gesehen haben muss
ISBN 978-3-89705-916-0

Fabrizio Ardito
111 Orte auf Malta, die man gesehen haben muss
ISBN 978-3-7408-0356-8

Catrin George Ponciano
111 Orte an der Algarve, die man gesehen haben muss
ISBN 978-3-7408-0362-9

Kathleen Becker
111 Orte in Lissabon, die man gesehen haben muss
ISBN 978-3-7408-0244-8

Joscha Remus
111 Orte in Luxemburg (Stadt), die man gesehen haben muss
ISBN 978-3-7408-0363-6

Cornelia Lohs
111 Orte in Bern, die man gesehen haben muss
ISBN 978-3-95451-669-8

Thomas Fuchs
111 Orte in Amsterdam, die man gesehen haben muss
ISBN 978-3-95451-209-6

Lust auf mehr? Laden Sie sich die »LChoice«-App runter, scannen Sie den QR-Code und bestellen Sie weitere Bücher direkt in Ihrer Buchhandlung.

LChoice

Hier bestellen

Danke – Kiitos!

Ich bedanke mich bei allen Protagonisten in diesem Buch, die mir damit auch bereitwillig ein Fenster zu ihrem Leben und ihren Sichtweisen geöffnet haben. Tausend Dank & paljon kiitoksia für die vielfältige Unterstützung und die Tipps, ohne die das Buch nicht so geworden wäre, an:
Marika Aaltonen, Barbara Ackermann, Christine Birkel, Mira Ahola, Rakel Ahola, Kirsten Bollinger, Dr. Martin Brinkmann, Manuela Hannemann-Mayr, Kai Huotari, Kimmo Isotalo, Anssi Juutilainen, Rasso Knoller, Karri Korppi, Anahita Morwarid, Hanna Muoniovaara, Jyrki Oksanen, Mikael Penttilä, Jaana Prüss, Ulla Rinta-Tuuri-Kind, Ute Schiller, Thomas Stagneth, Jan Stöver, Päivi Tahkokallio, Olli Turunen, Visit Finland, Visit Helsinki, Jörg Wartner.

Glossar Finnisch – Deutsch

linja-auto | bussi – Linienbus
hedelmä – Obst
hyvää huomenta – guten Morgen
hyvää iltaa – guten Abend
hyvää päivää – guten Tag
hyvää yötä – gute Nacht
järvi – See
jäätelö – Speiseeis
juna – Zug
näkemiin – auf Wiedersehen
kahvi | kahvia – Kaffee
kala – Fisch
karjalanpiirakka – karelische Piroggen
kasvis – Gemüse
kauppa – Laden, Geschäft
keskus – Zentrum
kielletty – verboten
kiitos | kiitos paljon – danke | vielen Dank
kioski – Kiosk

korvapuusti – Hefegebäck (Ohrfeigen)
lahti – Bucht
liha – Fleisch
lippu – Fahrkarte
maito | maitoa – Milch
marja, marjat – Beere, Beeren
markkinat – Markt
mehu | mehua – Saft
meri – Meer
metsä – Wald
moi | hei | terve – hallo
moi moi | hei hei – tschüss
mustikka – Blaubeere
ole hyvä – bitte
olut – Bier
päivälehti – Zeitung
pehmis – Softeis
poika – Junge, Sohn
puisto – Park
puu – Baum
pysäkki – Haltestelle
raha – Geld
ranta – Strand
ratikka | raitiovaunu – Straßenbahn
rautatieasema – Bahnhof
saari – Insel
satama – Hafen
silta – Brücke
sokeri – Zucker
tee – Tee
tie | katu – Straße
tori – Marktplatz, Platz
uimahalli – Schwimmhalle
vesi | vettä – Wasser
viini – Wein

Bildnachweis

Juha Metso: Ort 3, 5, 6, 19, 30, 32, 33, 37, 39, 41, 46, 49, 50, 53, 54 unten, 62, 63, 64, 66, 69, 71 unten, 74, 82, 85, 86, 87, 97, 98, 100, 102, 109, 111;Tarja Prüss: Ort 1, 2, 4, 7, 8, 9, 10, 11, 12, 13, 14, 15, 16, 17, 18, 20, 21, 22, 23, 24, 25, 26, 27, 28, 29, 31, 34, 35, 36, 38, 40, 42, 43, 44, 45, 47, 48, 51, 52, 54 oben, 55, 56, 57, 58, 59, 60, 65, 67, 68, 70, 71 oben, 72, 73, 75, 76, 77, 78, 79, 80, 81, 83, 84, 88, 89, 90, 91, 92, 93, 95, 96, 99, 101, 103, 104, 105, 106, 107, 108, 110; Korjaamo: Ort 61; Winterworld: Ort 94

Die Autorin

Tarja Prüss (geboren 1969), deutsch-finnische Journalistin, Autorin und Fotografin. Studierte Politikwissenschaften, Geschichte und Philosophie an der Universität Konstanz. Seit über 25 Jahren macht sie beim ORF Nachrichten und Geschichten für Radio und Fernsehen. In Wort und Bild formt sie ihre Liebe und Leidenschaft zu Finnland, seiner Natur und seinen Menschen in Artikeln, Reportagen, Büchern sowie auf ihrem Blog. Lebt und arbeitet zwischen Deutschland, Finnland und Österreich. Liebt Kaffee, Lakritz und Tretschlitten.
www.tarjapruess.de, www.tarjasblog.de

Der Fotograf

Juha Metso (geboren 1965), finnischer Presse- und Kunstfotograf. Bereiste in 30 Jahren mehr als 60 Länder und veröffentlicht seine Fotoreportagen in Zeitungen, Magazinen und Büchern. Zu Metsos fotografischen Reisen nach Russland und Afrika sind zahlreiche Bücher erschienen. Mehrfach ausgezeichnet, unter anderem als Pressefotograf des Jahres in Finnland. Zahlreiche Ausstellungen im In- und Ausland. Lebt und arbeitet zwischen Finnland und Russland.
www.juhametso.com